●子どもたちが思い思いに描いた「雲」。

●雲のそばには飛行機に乗り出発する子どもたちの姿。リサイクル材を積み重ねて作りました。

●「ぞうの親子をつくったよ」。段ボールを巧みに見立てています。

QRコードをスマホで読み取ってみてね。360°画像が見られるよ。
↓ 4つあるよ。

●牛乳パックで作ったティラノサウルス。

●のぞくと何が見える？

●野生のチーターとシカ。

360°画像
「作品展の様子」
（●風の子藤水保育園）

●ペンギンの世界です。

●偶然に生まれた「ゾウのお鼻でできているお花」。

●作品名「虫」とドキュメンテーション。製作過程の記録があるとみんなの理解も深まります。

●話しながら、歌いながら製作の手を動かしていきます。

360°画像
「製作活動の様子」
（●寺子屋大の木）

●カレー屋さん作りから発展して、スパイスについても調べました。

●情報機器（プロジェクター）で作品鑑賞を楽しむことも。

●ハサミを使いお花を作る製作活動の様子です。

のぞいてみよう

表現が豊かに
生み出される
環境とは、
どんな環境
でしょう？

●子どもたちの感性に訴えかける工夫を凝らした保育室。奥にあるのは子どもの製作物の記録をまとめるファイルです。

●製作のためアトリエを設けている園もあります。

360°画像
「保育園の中の
アトリエの様子」
（●風の子藤水保育園）

●製作活動に使うた
めのスモック。汚れ
ても大丈夫。

●たくさんの素材が
子どもたちの感性を
刺激します。

●光や色、影につい
て話し合ったことを
まとめて、見直せる
ようにします。

360°画像
「保育室の様子」
（●レイモンド庄中
保育園）

●「ひかっているもの」を集めた
写真。こうした掲示をすることで
子どもの興味が自然とわきます。

●保育室に自
然のものを置
いておきます。

●中をのぞい
てみたくなる
家のオブジェ。

●色ごとに整理しておくと
取り出しやすく、片付けや
すくなります。

撮影協力：●レイモンド庄中保育園、●寺子屋大の木、
●風の子藤水保育園

創造力のある個人とは、絶え間なく進化しつづけるのであり、その創造力の可能性は、あらゆる分野において、絶えず新しい知識を取り入れ、そして知識を広げ続けることから生まれる。

（ブルーノ・ムナーリ『ファンタジア』みすず書房）

とびらのことば

イタリア・ミラノ生まれのプロダ
クト・デザイナー、芸術家、発明家、
美術教育者、彫刻家、絵本作家な
ど、様々な顔をもつアーティス
ト、ブルーノ・ムナーリ（1907-
1998）のことば。
創造力という表現活動の核心は、
遊びを通した気付きとともにどん
どん広がっていくことを伝えてい
ます。

… イメージを学びの翼に …

子どもの姿からはじめる

領域・表現

【シリーズ知のゆりかご】

秋田喜代美 三宅茂夫 監

淺野卓司 編

みらい

監修

秋田　喜代美（学習院大学）
三宅　茂夫（神戸女子大学）

編集

淺野　卓司（桜花学園大学）

執筆者一覧（五十音順）

秋田　喜代美（前出）……………………………………………………………… 序章第1節

淺野　卓司（桜花学園大学）……………………………………………………………

　　　　　　　　　第3章第1節、第8章第1節、第9章第1・2節・第3節1

五十嵐　睦美（桜花学園大学）………………… 第9章第2節3・第3節2・第4節

石山　英明（桜花学園大学）……………………………………………………………

　　　　　　　　　第1章第1・2・4節、第5章第1節2・第2節2・第3節2

神原　雅之（京都女子大学）……………………………………………………………

　　　　　　　　　第2章第2節、第4章第2・3節、第6章第2・3節

木下　和彦（宮城教育大学）………………… 第7章第1・4～6節、第10章

基村　昌代（桜花学園大学）………………… 第3章第3・4節、第4章第4節

高田　吉朗（名古屋短期大学）……………… 第3章第2～4節、第8章第1節1

田端　智美（桜花学園大学）……………………………………………………………

　　　　　　　　　第1章第3節、第5章第1節1・第2節1・第3節1

服部　真也（奈良女子大学附属小学校）…………………… 第7章第1～3節

藤尾　かの子（エリザベト音楽大学）………………… 第8章第1節2・第2節

三宅　茂夫（前出）……………………………………………………… 序章第2・3節

矢野　真（京都女子大学）……………………………………………………………

　　　　　　　　　第2章第1・3節、第3章第2節1(1)・第4節1(1)・3(1)、

　　　　　　　　　第4章第1節、第6章第1・4・5節

装丁：マサラタブラ
イラスト：たきまゆみ

監修のことば

　みなさんは、Society5.0という言葉を聞いたことがあるでしょうか。人類は狩猟社会（Society1.0）からはじまり、農耕社会（Society2.0）、工業社会（Society3.0）を経て、現代の情報社会（Society4.0）へと進んできました。そして、この先にやってくる新たな社会を指す言葉がSociety5.0です。2016（平成28）年に第5期科学技術基本計画においてわが国が目指すべき未来の姿として初めて提唱されました。

　それは、「IoT（Internet of Things）で全ての人とモノがつながり、様々な知識や情報が共有され、今までにない新たな価値を生み出す社会」とされています。わたしたちの暮らしは利便性を追い求めて日々進歩しています。しかし、効率性の良さだけを追い求めていても、一人一人の子どもにとって良い保育・教育をおこなうことはできません。

　人生の最初期である乳幼児期。この時期の最も活動的な時間を、多くの子どもたちは現在、保育所や幼稚園、認定こども園など、「園」という場で過ごすことが多くなっています。時代が大きく変化しようとしている今だからこそ、「子どもたちが生きていくために、本質的に必要なものは何か」「求められる資質・能力を育むための保育の場は、どうあれば良いか」をじっくり考えることが必要です。

　「子どもは未来からきた存在である」という言葉があります。この言葉に象徴されるように、今ここで未来の社会のあり方を示してくれるのは子どもです。子どもは、れっきとした市民です。その姿や声、権利を私たちはどのように見つめ、聴き取り、守っていくことができるでしょうか。そこに、保育者のあり方が問われていると思います。

　本書には、三つの特徴があります。

　第一に、子どもの「姿」に寄り添うことをテキスト編成の理念と掲げていること。第二に、そのために各章のはじめに具体的な問いとエピソードの事例を入れていること。そして第三に、各章扉頁のめあてと章最終頁に学びの振り返りのために、まとめと発展にわけた演習課題を設けていることです。子どもの具体的な姿をイメージできることは、子どもを見る目につながり、保育者に求

められる必須の専門性です。

　この三つの特徴を込めた本シリーズが、やがて保育現場で活躍するみなさんや、すでに保育の場におられるみなさん、保育者養成に携わるみなさんのお役に立つことを心から願っております。

2021 年冬

シリーズ企画監修者　秋田喜代美・三宅茂夫

はじめに

　私達が身近に感じる「表現」は、急速な ICT の進化によって捉え方が少しずつ変化しているのかもしれません。SNS や Web を漂う個々の「表現」は、泡沫（ほうまつ）のようにゆっくりと、人々によって注目を集めながら新たな価値が付与されていきます。

　このようなネットワークの世界と現実が交錯する社会において、嫋（たお）やかに生きていく力は、「STEAM 教育」という領域を横断する教育理念・方法として模索されています。「STEAM 教育」の「A」は Art（または Liberal Arts）を意味しており、創造的活動は時代を切り開く力を育成するものとして期待されているのです。

　保育における表現活動は、養護と教育が一体となって行われることを基盤としつつ、この Art としての側面も持っています。「美しいものを美しいと感じる豊かな心」を育むという視点です。乳幼児期の遊びは、表現の原動力になる興味や関心を刺激し、探索・探求する主体性を育んでいきます。表現活動によって育まれる情動は、生き方に彩りを与え、明るい未来の社会を形成することへと繋がっていきます。

　子どもの何気ない表現行為には、言葉を超える無数のメッセージや無限の可能性が埋没しているのです。さあ、あなたも心の窓を大きく開いて、多彩で楽しい表現の世界を子どもと一緒に味わってみませんか？

2021 年 2 月

編者　淺野卓司

目次

監修のことば

はじめに

本書はモデルカリキュラムに準じて、第1部は「領域に関する専門的事項」、第2部が「保育内容の指導法」となっています。

第2部　保育内容「表現」の指導法
―子どもから考える・子どものために考える―

わたしたちと一緒に　がんばりましょう！

ひよこのピー　だるまのナナ

●エピソード（事例）について
　本書に登場するエピソード（事例）は、実際の例をもとに再構成したフィクションです。登場する人物もすべて仮名です。

序章　保育・幼児教育の基本

第1節　子どもの「姿」は未来を示す鏡

1. 資質・能力の表れとしての姿

　世界が急速に変化していく現在（いま）、未来の社会のありようを予測することが困難な状況になっています。ICTの急速な発展や環境問題等により、グローバルな規模で社会の構造が変わりつつあります。予測のつかない世の中を生き抜いていかなければならない子どもたちに、私たち大人はどのような保育・教育を贈ることができるでしょうか。

　2017（平成29）年に告示された幼稚園教育要領、保育所保育指針、幼保連携型認定こども園教育・保育要領、そして学習指導要領は、この問いに答えようとしたものです。改訂（定）の最も大事な考え方（真髄）は、幼稚園教育要領の「前文」に以下のように書かれています。

幼稚園教育要領

　これからの幼稚園には、学校教育の始まりとして、こうした教育の目的及び目標の達成を目指しつつ、<u>一人一人の幼児が、将来、自分のよさや可能性を認識するとともに、あらゆる他者を価値のある存在として尊重し、多様な人々と協働しながら様々な社会的変化を乗り越え、豊かな人生を切り拓き、持続可能な社会の創り手となることができるようにするための基礎を培うこと</u>が求められる。このために必要な教育の在り方を具体化するのが、各幼稚園において教育の内容等を組織的かつ計画的に組み立てた教育課程である。

　教育課程を通して、これからの時代に求められる教育を実現していくためには、よりよい学校教育を通してよりよい社会を創るという理念を学校と社会とが共有し、それぞれの幼稚園において、<u>幼児期にふさわしい生活</u>をどのように展開し、どのような<u>資質・能力</u>を育むようにするのかを教育課程において明確にしながら、社会との連携及び協働によりその実現を図っていくという、<u>社会に開かれた教育課程</u>の実現が重要となる。

（下線は筆者）

　これは幼稚園教育要領の文言ですが、保育所保育指針や幼保連携型認定こども園教育・保育要領もこの精神を共有し作られています。

　その核となる考え方は、「資質・能力」を育むということです。この「資質・能力」は「コンピテンシー（competency）」と呼ばれます。国際的にも、特定の知識・スキルの育成から、コンピテンシーとしての資質・能力の育成へというカリキュラム改訂が行われています。そして資質・能力が具体的にどのように育っているのかをとらえること、園生活の中での表れが子ども一人一人の具体的な「姿」になります。

2. 「子どもの姿ベース」の保育の計画と展開

　たとえば、欧米等で保育が語られる時には、「子どもに○○の能力が育ったから、□□な行動の変化が表れた」という解説をすることが多くありました。これを個人内在的な見方といいます。一方、日本では、環境や仲間との関係の中で表れる子どもの姿によって、それぞれの子どもの育ちをとらえることを大切にしてきています。仲間との関係の深さ、相手を思いやる心は、目で見ることができません。スキルや知識のように能力として数値化することもできません。それは、ふとした時の「姿」に表れます。日本の保育・幼児教育は、人との関係や環境の支えの中で表れるこのような子どもの「姿」を大切にしてきました。それが今回の改訂（定）に表れているわけです。

　園生活の中で、「今・ここの子どもの姿」をもとに、その中で育ちつつある部分をふまえて、保育者は次への「ねらい」を考えます。その時に「資質・能力」のキーワードが参考になります。そしてそのねらいに向かうために必要な活動を考えるために、「幼児期の終わりまでに育ってほしい姿」としての10の姿が考えられました（23ページの図3を参照）。ここに挙げられているキーワードに、その具体的な表れの様子が書かれています。そして、その姿が表れることを思い描きながら環境を構成し、保育者の配慮を考え、保育を実践することが、「子どもの姿ベース」の保育の計画と展開となります[1]。

「幼児期の終わりまでに育ってほしい"力"」ではなく、「姿」と記されている理由を理解いただけたでしょうか。子どもの姿ベースの計画と保育の展開がこれからに求められる資質・能力を育てていきます。

　子どもたちの現在(いま)の姿は、私たちの未来を示す鏡であるともいえます。子ども

子どものどんな姿がみえるかな？

たちの笑顔あふれる姿、全身で泣いて訴える姿、たたずむ姿……それらの中に、子どもが拓く可能性や創造性を観（み）とり、希望を感じとることが、専門家としての保育者に求められています。

③. 大切な環境の構成・再構成と遊び

学校教育法の 22 条には、わが国の保育・幼児教育の大切な基本となる考え方が記されています。

学校教育法
22 条　幼稚園は、義務教育及びその後の教育の基礎を培うものとして、幼児を保育し、幼児の健やかな成長のために<u>適当な環境</u>を与えて、その心身の発達を助長することを目的とする。
　　　　　　　　　　　　　　　　　　　　　　　　　　　　　　（下線は筆者）

「適当な環境」とは、いい加減な環境という意味ではありません。保育者がこれなら適切と判断して一方的に与えた環境ではなく、子ども側に選択の余地がある環境という意味です。ふさわしいものを準備しますが、それが子ども一人一人が、様々な時に、ちょうどあうよう主体的に選べることが適当という言葉の意図するところです。

環境とは、いわば乳幼児にとっての学びの素材であり教材です。教科書を使わない保育・幼児教育にとって、環境こそが教材となります。それは物的環境だけを指すのではありません。保育者も友達も、その子どもから見ると大事な人的環境です。物的環境と人的環境が組み合わさることによって、子どもにとって意味ある環境となります。保育者や友達こそが最も重要な人的環境といえます。また、「社会に開かれた教育課程」「全体的な計画」の理念として、地域の様々な人や場もまた環境となっていきます。

環境は一度準備し構成すればよいのではなく、子どもの活動や育ちに応じて、また子どもと共に、さらに再構成していくことが、子どもにとって真に意味ある環境となるために大事になります。

乳幼児にふさわしい生活とは、子どもたちが知的好奇心や興味・関心を持って環境に自ら関わり、心身を十分に動かしながら自分の持てる力を発揮し、戸外や室内において仲間と楽しめる生活です。この意味で、本章の冒頭に紹介した幼稚園教育要領の前文に記されているように、保育のもう一つ大切な基本は、「遊び」を中心として、「乳幼児にふさわしい生活を保障」していくことにあります。

4. 遊びと学びに向かう力

　乳幼児期は、子どもの発達の個人差や家庭での生活経験の違いも大きな時期です。運動機能や知的機能が伸び、対人関係もぐんぐん広がっていきます。言葉の獲得も急速に進みます。自分が持っている力や経験を生かし、新たなことをそのやりとりからまねしたりしながら、取り入れて学び、自分でもくり返し使ってみることで、身につけ、育っていきます。したがって、子どもが自ら能動性を発揮でき、主体的に取り組むことのできる活動としての「遊び」を中心とする生活を園での経験として保障していきます。

　子どもは園でただ遊んでいるわけではありません。図1は、筆者自身も調査に関わった遊びと学びのつながりに関する研究結果です。5歳児3学期の姿から、園で自由に遊びこむ経験が多い多群の方が少群に比べて学びに向かう力が育っていることが明らかになりました。主体的、協働的、対話的であることが、深く遊び込むことにつながり、ひいては学びに向かう力を育みます。

　しかし、学びのために遊びを行うのではありません。「遊ぶことで何が学べるのか」と問うのではなく、遊び込むことでさらに「その遊びが子どもの手でどのようにおもしろくなっていったか」を問うてみることが、結果として学びや育ちを保障していくことになります。

遊びが学びに
つながります。

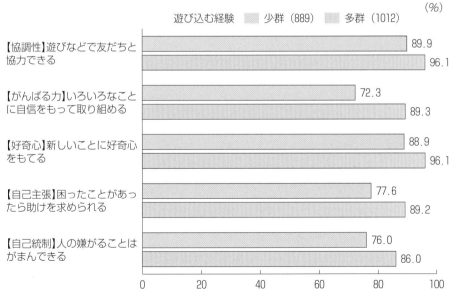

図1　子どもの学びに向かう力（遊び込む経験別）

出典：ベネッセ教育研究所「園での経験と幼児の成長に関する調査」2016年

5. 「領域」という考え方

子どもたちの資質・能力を育むためには、好きなことだけをやっていればよいというわけでもありません。植物や虫を見て、土や泥にふれ、初めての遊びに取り組むなど、乳幼児期に様々な経験をしておくことが、やがては生きる力を培う基礎となっていきます。そこで、在園中に様々な内容の経験を積み重ねていくことができるようにと考えられたのが、「領域」という枠組みです。

幼稚園教育要領、保育所保育指針、幼保連携型認定こども園教育・保育要領では「領域」を設け、その「ねらい」及び「内容」とその「内容の取扱い」を示しています。ねらいは、育みたい資質・能力を子どもの生活する姿からとらえたものです。内容は、ねらいを達成するために指導する事項です。内容は「健康」「人間関係」「環境」「言葉」「表現」の5領域で構成されます。

領域は、小学校以上の教科と同じではありません。国語なら国語、算数なら算数と言った具合に、領域別に時間で区切ったり、場所を変えて活動をしたりするわけではありません。幼稚園教育要領では、内容を「総合的に指導」することを示しています。

6章の図6−1（95ページ）もみてみよう

幼稚園教育要領

第2章　1節 ねらい及び内容の考え方と領域の編成
　内容は、幼児が環境に関わって展開する具体的な活動を通して総合的に指導されるものであることに留意しなければならない。

領域は、食事の栄養素のようなものです。料理人は、栄養素についての知識をもち、その栄養素がその食事にどのように入っているかを知っています。しかし、料理としては、何よりも一緒においしく味わえることが大切です。料理をおいしく味わっているうちに健康で元気な体になるように、遊びを熱中して楽しんでいるうちに子どもの心身が育っていきます。

たとえば、着替えを援助しながら、保育者が「きれいになってきもちいいね」と子どもにまなざしをむけて声をかけ、そこで子どもがほほえみ返すようなやりとりには、養護と教育が一体となっています。このことも、小学校以上の教育とは異なる、保育の基本の一つです。

幼児期の教育は「目に見えない教育方法である」と述べたのは、教育社会学者のバジル・バーンスタインでした[2]。それは、教育の成果が見えない（見えにくい）という意味です。日々くり返される生活の中で、子どもの育ちの「姿」をていねいにとらえるまなざしを持つことを心がけていきましょう。

第2節　幼児教育・保育の基本からみた「資質・能力」の育成

1. 教育・保育変革の流れ　― コンテンツ・ベースとコンピテンシー・ベース ―

　2018（平成30）年度より幼稚園教育要領や保育所保育指針、幼保連携型認定こども園教育・保育要領（以下、要領等とする）などが改訂（定）実施され、その後も小・中・高・特別支援学校の学習指導要領が順次実施されます。今回の改訂の背景には、国際社会の著しい変化の中でわが国の担い手として、将来豊かにたくましく生き抜いていける人間像や、変動する社会で豊かに自己実現できる力を備えた人材の育成に関する考えや、求められる学力観があります。

　その際、議論された学力観は二つありました。一つは、学習の内容（領域固有な知識・技能）を中心・基盤とした、教科や領域の一つ一つを各授業で累積していくような学力で、「何を、どれだけ知っているか」に関する能力（「コンテンツ・ベースの能力」）です。もう一つは、思考力や意欲、社会スキルなどを中心とした、自己調整して取り組む意欲や協働的に問題を解決したり、相手と交渉したりしながら問題を解決するような力のことです。具体的には、達成への意欲や粘り強さ、問題解決能力、自己学習力、対人関係能力、社会参画能力、コミュニケーション能力などの「非認知能力」のことをさし、「どのように問題解決を成し遂げるか」に関する能力（「コンピテンシー・ベースの能力」）のことです。昨今、非認知能力の重要性について社会的関心は高く、それらを育てるうえでの就学前教育については、多様な視点からその有効性や重要性が明らかにされています[*1]。

　今回の要領等の改訂では、就学前から高等学校までの教育を貫く人間観や資質・能力観において非認知能力の重要性への見直しから、「資質・能力」としてコンテンツとコンピテンシーの調和的な育成を目指しています。

2. 幼稚園教育要領等改訂のポイント

　要領等の改訂については、次のページの6点がポイントとして示されました。

*1
ヘックマンは非認知能力の重要性について「就学前教育は、その後の人生に大きな影響を与える。就学前教育で重要なのは、IQに代表される認知能力だけでなく、忍耐力、協調性、計画力といった非認知能力である」ことを述べています（ヘックマン J.J『幼児教育の経済学』東洋経済新報社　2015年）。

・カリキュラムレベルでの教育の根本的な見直し
・学校教育で一貫して育成する「資質・能力」の三つの柱の明確化
・各校種において育てる姿の明確化と評価の客観化
・カリキュラム・マネジメントによる教育課程の再編
・アクティブ・ラーニングによる指導の改善・充実、工夫
・保幼小の連携の具体化、実質化

　これらのポイントが示す方向性は、保育や教育を通して一貫した「資質・能力」を育成するための教育課程等をカリキュラム・マネジメントの考え方に基づいて編成し、ふさわしい教育方法（アクティブ・ラーニング）の展開と適切な評価を示したものです。保幼小をはじめ各校種間での連携・接続は、一貫した保育・教育を展開するうえで不可欠となっています。

③. 幼小接続と資質・能力の三つの柱

　要領等に示された「幼児教育において育成すべき資質・能力」は、小学校以降の学習指導要領に掲げられた育成すべき資質・能力の三つの柱とつながるものです。図2は、それらのつながりを図式化したイメージです。遊びを通しての総合的な指導を前提とする中で、幼児教育における育成すべき資質・能力の三つの柱についても説明されています[3]。

　小学校以降の資質や能力の「知識や技能」「思考力・判断力・表現力等」に、幼稚園教育等では「基礎」という表記が付加されています。これは幼児期と学童期以降の発達特性の違いにより、とくに指導において配慮が必要であることを表しています。それらは「遊びや生活の中で」直接的・具体的な体験などを通して総合的に指導されることから、園生活等における環境や体験の質が重要となります。

④. 資質・能力の育成に向けた教育内容

　資質・能力の育成に向けた教育内容の改善・充実のためにカリキュム・マネジメントの観点から、教育時間外の教育課程も含めて園生活全体をとらえた「全体的な計画」の考え方が要領等に位置づけられました。また、幼小の円滑な接続教育の観点から、5歳児修了時までに育ってほしい具体的な姿を「幼児期の終わりまでに育ってほしい姿」（10の姿）として要領等に明記されました（図3）。これらは要領等に示される5領域の「ねらい及び内容」

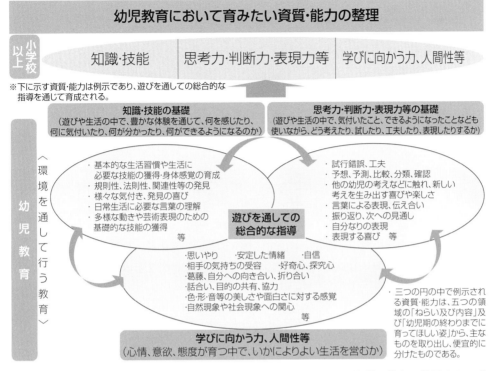

図2 資質・能力の三つの柱に沿った、幼児教育において育成すべき資質・能力の整理イメージ

出典：文部科学省　中央教育審議会　教育課程部会　幼児教育部会「幼児教育部会における審議の取りまとめについて（報告）」2016 年

に基づく教育活動の全体を通して、資質・能力が育まれている子どもの卒園を迎える時期の具体的な姿であり、指導の際に考慮するものとされています。10 の姿は、すぐに小学校以降の教科に直接つながるものばかりではありませんが、その後の子どもの学校生活や各教科の学習などの基盤となり、資質・能力の基礎となっていくことは確かです。

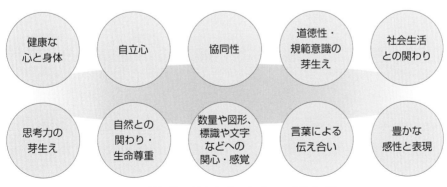

図3　幼児期の終わりまでに育ってほしい姿

出典：文部科学省「幼稚園教育要領」2017 年

5. 資質・能力の育成に向けた教育方法

　資質・能力を育む教育方法として、全校種で一貫したアクティブ・ラーニングを重視した「主体的・対話的で深い学び」に向けた教育方法が打ち出されました。幼児教育においては、これまでも幼児期の学びが遊びを通して多様な形態・状況で実施されてきたことから、5歳児後半では指導計画等のねらいに応じて以下の三つの留意点をふまえて指導することとされています[4]。

---

①直接的・具体的な体験の中で、「見方・考え方」を働かせて対象と関わって心を動かし、幼児なりのやり方やペースで試行錯誤を繰り返し、生活を意味あるものとして捉える「深い学び」が実現できているか。

②他者との関わりを深める中で、自分の思いや考えを表現し、伝え合ったり、考えを出し合ったり、協力したりして自らの考えを広げ深める「対話的な学び」が実現できているか。

③周囲の環境に興味や関心を持って積極的に働き掛け、見通しを持って粘り強く取り組み、自らの遊びを振り返って、期待を持ちながら、次につなげる「主体的な学び」が実現できているか。

　図4は、アクティブ・ラーニングの上記の三つの視点を踏まえた、幼児教育における学びの過程のイメージです。この図では「遊びのプロセス例」「深い学び」「対話的な学び」「主体的な学び」が関係づけて示されています。子どもが環境と関わり、学びを「主体的・対話的で深い学び」としてくためのプロセスが示されており、子どもの遊びや生活における学びの深まりや、保育者の具体的な援助の在り方について示したものとして参考になります[5]。

　環境による教育・保育は、「環境があれば、与えれば、何かを学ぶだろう」ということでは、資質・能力の育ちを保障することはできません。保育者は子どもが生活や遊びの中で環境にどのように関わり、何を思い、考え、表現しているのかを深く理解し、適切・的確に援助できるかが問われます。

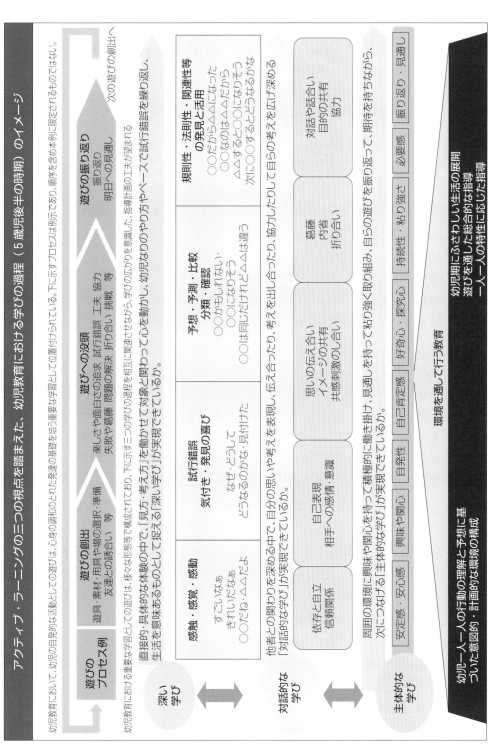

図4　アクティブ・ラーニングの三つの視点を踏まえた、幼児教育における学びの過程のイメージ

出典：文部科学省　中央教育審議会　教育課程部会　幼児教育部会「幼児教育部会における審議の取りまとめについて（報告）」資料2　2016年

第3節　保育者に求められること、
　　　　養成校の学びに求められること

1. 保育者に求められる資質

（1）よい保育者とは

　子どもたちは長い学校生活の中で、たくさんの人たちに出会い、多くの事象と関わりながら様々なことを学んでいきます。中でも、保育者や教師との出会いがその人の生き方に大きな影響を与えたというエピソードを聞くこともよくあります。子どもにとって保育者や教師は、ある時には先達となって道を示し、親やきょ

よい先生ってどんな先生？

うだいのような、また友のような存在となって支えられ、ともに道を歩んでくれる存在でもあります。

　保育者や教師はモデルとなって模範を示すだけでなく、子どもとともに考え、より善く生きる道を探る存在です。しかしながら、「反面教師にする」という言葉があるように、負のモデルとして子どもの現在や将来に影を落とすような影響を及ぼしかねない存在でもあるのです。

　保育者を目指す学生のみなさんの多くは、「よい先生になって子どもたちのために役立ちたい」と日々考え、学んでおられることと思います。それでは、子どもたちにとって「よい先生」とは、いったいどのような存在なのでしょうか。

（2）育ちや学びを保障していくための営み

　みなさんが子どもだった頃のことを思い返してみてください。保育者や教師とのよい思い出やそのありがたみを感じさせてくれた印象をたどってみると、どちらかと言えば「優しい、おもしろい、受容してくれたなど」の人格性（人間性）の面が思い浮かぶのではないでしょうか。しかしながら、子どもたちには気づかれにくいのですが、保育者や教師の専門性から生じる影響も大きいのです。

　いくら優しくて、おもしろくて、気前のよい保育者や教師であっても、子どもの発達や生活の様子などの実態や内面を深く理解できないようでは、退屈で不適切な保育や授業になりかねません。そのような関わり方では、子ど

もたちが興味や関心、満足感や達成感、効能感、好奇心や探求心などを発揮しながらいきいきと遊びや生活をすることは難しいはずです。子どもの立場からすれば、園や学校生活での遊びや活動、学習などがそこにあり、保育者や教師とともにただそれを行っていたという感覚かもしれません。実は、それらは子ども一人一人を深く理解し、その時々に応じた専門的な視点からの育ちや学びを保障していくための営みが計画的に進められた結果によるものとも言えるのです。

（3）保育者に求められるもの

　初等教育の父といわれるペスタロッチ（Pestalozzi, J. H.）は、教師は人間形成者としての資質（personality）である真実に満ちた人間愛と教育愛をもった「人格性」の上に、自己の「専門教科の学問的実力（ability）」と「教授方法（skill or technique）」を持つべきであると述べています。ペスタロッチは18世紀に生まれた教育者ですが、このことは基本として現在も大切にされています。

　人格性については、ある程度イメージしやすく、日々の保育で大切にしようとする意識は明確であると思われます。しかし、保育の専門性である「専門教科の学問的実力」（各専門領域のバックボーン（背骨）となる発達に関する知識や、環境の学問的・文化的視点などからの理解と価値づけに関する知識など）や「教授方法」（環境の構成や保育の方法、技術に関する理論や実践力など）については、書籍を読んだり、研修を受けたり、研究保育をするなどをして時間をかけて学んでいく必要があります。

（4）人格もスキルも磨こう

　その上で、現代の専門職である保育者の職務の遂行においては、次の3つのスキル、「コンセプチュアル・スキル」「ヒューマン・スキル」「テクニカル・スキル」などを調和的に発揮していく力も求められています。

・「コンセプチュアル・スキル」…人間の内面的な思考様式に関する技量のことで、広い視野と先見性、創造力、分析力、論理性、構成力、応用力などの認識的側面や教育観、子ども観などのことを指します。
・「ヒューマン・スキル」…人間関係構築・維持に関する力量のことで、人間理解力や感性に支えられた対人関係能力のことです。
・「テクニカル・スキル」…目に見える実践的技量のことで、専門的知識と指導技術、科学的研究法や専門を支える教養、適切なメディアを活用する表現能力、教育指導技術の蓄積などのことを表します。

免許や資格を手にすればその日から保育者となるのではありません。より
よい保育者になろうとする精神や、子どもに思いを寄せ・寄り添い、子ども
を中心とした日々の具体的な保育の専門性の研鑽によって、はじめて真の意
味での保育者となりうるのです。

（5）保育における「育ち」と「育て」

　ちょっと厳しい書き方をしましたが、ほんとうに子どものことが好きで、
子どもの心や思いを素直に受け止めることのできる人なら、子どもたちのた
めに心からがんばりたいと思えるようになるようです。

　「先生、実習に行って、本当によかった」

　保育実習から戻るなり開口一番、ある学生が言った言葉です。学生たちから
は、さらに「別れるのが本当につらかった。こんな自分でも、あんなに慕っ
てくれました」「もう少ししっかりピアノを練習しておけばよかった。リク
エストされたアンパンマンマーチが弾けなかった」「言葉の発達についてもっ
と勉強しておけばよかった」「○○の障害について、もっと学んでおけばよ
かった」などと続きます。保育実習に行った多くの学生は異口同音に、自分
のそれまでの生活態度や受講態度などについての反省の言葉をもらします。

　保育や教育、育児の中で、「互恵性」「両義性」という言葉がよく出てきま
す。互恵とは、辞書によれば「特別な便益・恩恵などを相互にはかり合うこ
と」と載っています。また、両義性とは「一つの事柄が相反する二つの意味
を持っていること。対立する二つの解釈が、その事柄についてともに成り立
つこと」と説明されています。これらのことは、保育においては、親や保育
者が子どもを育み保育する中で、子どもが育っていくのみならず、結果的に
その営みの中で親や保育者も育てられていくことを意味します。

　先ほどの実習から戻ってきた学生の言葉は、子どもたちが自分に向けてく
れる気持ちを感じながら、できるかぎりその気持ちに応えたい、自分の責任
や役割を果たしたいとする主体的な態度から出てきたものです。そうした学
生たちの心からの声は、彼ら自身の反省のみならず、彼らを指導する立場に
ある筆者の日々の指導のあり方への反省の気持ちも生じさせてくれます。一
生懸命に保育や教育、子育てに取り組めば取り組むほど、自らが大きく成長
させてもらっていることを忘れず、謙虚に専心したいものです。

2. 養成校での学びの意義

（1）これからの保育・幼児教育を見すえて

　2019（平成31）年度より再課程認定を受けて新たな教職課程がスタート

しました。そもそも今回の教育職員免許法の改正は、グローバル化や急速な情報化、技術革新などSociety5.0と称される社会の大きな変化を見すえ、学校と社会が密接に関わり、子どもたちが将来を生きていくために必要な資質や能力を育てていこうとするところに端を発しています。人工知能（AI）の進歩とビッグデータの活用など、誰もが経験したことのない、予測することが難しい時代の到来が予想されています。

　一足先に幼稚園や保育所等では2019（平成31）年度より実施され、さらに2020（令和2）年度から実施される新学習指導要領の編成の際に、文部科学省は以下のような理念を掲げました。

> 　学校で学んだことが、子供たちの『生きる力』となって、
> 　明日に、そしてその先の人生につながってほしい。
> 　これからの社会が、どんなに変化して予測困難になっても、
> 　自ら課題を見付け、自ら学び、自ら考え、判断して行動し、
> 　それぞれに思い描く幸せを実現してほしい。
> 　そして、明るい未来を、共に創っていきたい。

　時代の大きな変化の中で、子どもたちが「それぞれに思い描く幸せ」を実現し、「明るい未来を、共に創って」いくためには、どのような力が必要になるのでしょうか。それらをどのように想定し、保育や学校教育において、いかに育んでいけばよいのでしょうか。これらの保育観や教育観について保育者・教師自らが絶えず探求し続け、明確にし、さらに洗練していく必要があると思われます。

（2）養成教育に求められるもの

　学校教育などにおける新たな取り組みや今後も重視することとして、次のようなものがあげられています。

道徳教育	外国語教育	言語能力の育成	プログラミング教育
理数教育	主権者教育	防災・安全教育	伝統や文化に関する教育
体験活動	消費者教育	語彙に関する教育	国土に関する教育
金融教育	キャリア教育	など	

　これらの教育を担う教員に高い資質が求められることは言うまでもありません。また、教員には「主体的・対話的で深い学び」（アクティブ・ラーニング）、ICTの活用などによりそれらの新たな教育課題に対応していく資質が求められています。そうした背景の下に2015（平成27）年12月に出され

た中央教育審議会の答申では、養成―採用―研修を見通した「これからの学校教育を担う教員の資質能力の向上について」が示されました。教員養成においてもそのための教育課程の精選・重点化が求められ、養成教育においては、「教員となる際に最低限必要な基礎的・基盤的な学修」、「学校現場や教職に関する実際を体験させる機会の充実（学校インターンシップ）」、「教職課程の質の保証・向上」「教科・教職に関する科目の分断と細分化の改善」などの必要性が示されています。

　保育・教育の不易流行を踏まえつつ、子どもを深く理解し、その時期にふさわしい保育・幼児教育を担っていくために、専門性に基づいた実践力のある保育者や教師を育成していくことはこれまでと変わりはありません。大学での養成期には、教師として必要となる基礎的・基盤的な力を身につける段階ですが、教えられるままの受け身な態度で学修するのではなく、自らが「主体的、対話的で深い学び」を実践していくことが重要となります。そうした学びの機会や環境がそれぞれの養成教育において展開されることを切に願うところです。

（3）保育者を目指すみなさんへ

　保育者を目指すみなさんは、これから多くの学修や経験を積み重ねていくことになります。保育者となった時をイメージし、希望をもって主体的に取り組んでいってほしいと思います。保育実践の場では、集団の力を用いて一人一人の子どもの能力を高めることのできる力や、同僚や先輩の先生とチームとして協働して子どもを支援していくことのできる力なども求められるようになります。

　これらのスタート地点となるのは、子どもに対する愛情と自分自身を成長させていこうとする意欲や態度ではないかと思います。「よい先生になりたい」という初心を忘れずに、保育者として豊かな人間性や専門性を持った資質の高い保育者、個性的な保育者、学び続ける保育者になってください。

【引用文献】
1）無藤隆他著『3・4・5歳児　子どもの姿ベースの指導計画』フレーベル館　2019 年
2）Bernstein, B.B,1978：*Towards a theory of educational transmissions*　萩原元昭編訳『教育伝達の社会学：開かれた学校とは』明治図書　1985 年
3）文部科学省　中央教育審議会　教育課程部会　幼児教育部会「幼児教育部会における審議の取りまとめについて（報告）」資料 3　2016 年
4）同上
5）文部科学省　中央教育審議会　教育課程部会　幼児教育部会「幼児教育部会における審議の取りまとめについて（報告）」資料 2　2016 年

【第１部　領域「表現」に関する専門的事項】

―子どもを学ぶ・子どもから学ぶ―

第1章 イメージと表現

●はじめのQ

　次のエピソード（1）を読んで、あなたはどのようなことを感じますか？「イメージ」「表現」などをキーワードに考えてみましょう（考える時間の目安：3分）。

✎ エピソード（1）　鉄琴キラキラ（4歳児クラス／10月）

　　昨日は園の合同音楽会でした。年長クラスは「山のワルツ」を歌と色々な楽器で演奏しました。4歳児クラスのケイちゃんはその曲の最後の部分を「ロンリムリム・ロンラムラム・ロンリムリムロ〜ン」※と口ずさんでいます。ショウタくんは鉄琴のキラキラした音やピカピカの輝きにすっかり魅了されて、鉄琴の絵を描きだしました。

　　　　　　　　　　　　　　※香山美子作詞・湯山昭作曲「山のワルツ」より

●本章の学びのめあて

　この章では「イメージ」と「表現」について学びます。人が表現をしたくなるのは、どんな時でしょう。イメージが表現へとつながるプロセスを意識すると、表現とは何かという本質が見えてきます。表現にはたくさんの方法があります。音楽、描画、身体表現……。同じ題材でも、表現方法が変われば、伝わることも変化します。様々な表現に触れてみましょう。

第1節　イメージとは何か？

　みなさんは「イメージ」という言葉を、どのような場面で使いますか。例えば美容院で美容師さんに写真を見せ、「このようなイメージにしてください」と言ったり、部屋の模様替えを「北欧風のイメージ」にしてみようと考えたりします。通信販売等で購入した商品が「イメージと全く違った」という使い方をすることもあるでしょう。こうしてみると、人はイメージに基づいて行動を起こしたり、行為から具体的な「イメージ」を思い描くことがあるといえます。

イメージは果てしなく拡がります

　イメージとは、「心の中に思い浮かべる像。全体的な印象。心象」[1]のことです。北白川幼稚園長であり、西洋古典文学の研究家である山下太郎は、イメージの語源を次のように示しています。「image の語源はラテン語の imago（イマーゴ）である。『実物に似た姿、面影』という意味を持っており、『模倣する』という意味のラテン語 imitor（イミトル）とつながりを持っている。『実物に似た姿』（imago）を心の中に生み出すこと—つまり『心に描くこと』—を英語では imagine（イマジン＝想像する）という。その名詞形が imagination（想像力）である」[2]。

　では、どのようにイメージは生成されていくのでしょうか。

1. イメージと経験

「ハマムマッハシを作ってください」

ハマムマッハシ…？
生き物？　食べ物？
大きい？　小さい？

　このように頼まれて、あなたはすぐに「ハマムマッハシ」を作ることができますか。おそらく多くの人が困ってしまうでしょう。人は、経験を通して得た知識を体系化し、イメージを生成していきます。「ハマムマッハシ」とは、鳩のお腹に米を詰めて作ったエジプトでは有名な蒸し鶏料理です。初めて聞いた人でも、「香辛料が効いた蒸し鶏」という言葉を聞いたら、これまでに食べたことがある料理からその味や様子を思い浮かべることができるかもしれません。

　このように経験に基づくイメージにより、これまで体験したことがないことも予測し想像ができたり、近いイメージを共有することも可能です。ここ

で重要な役割を果たすものの一つが経験を伝える豊かな言葉です。言葉は、イメージを想起する手がかりとなります。「大空を鳥のように羽ばたくイメージ」「宇宙の果てのようなイメージ」など、広がりや深さを表現する際に無意識に「イメージ」という言葉を用いています。

2. イメージの生成と多様性

多くの経験から、私たちのイメージは豊かなものに育っていきます。毎日の生活で、聴いたり、見たり、触ったり、感じたりすることに意識を傾けると、イメージは一層広がっていきます。知識や技能の獲得には、子どもが生活の中で実際に体験することが不可欠です。興味をもって好きなことを何度も体験することで、イメージはより深く鮮明になります。興味や関心の方向性や、そのプロセスの違いが、一人一人の個性になっていきます。

このように生成されたイメージは、組み合わされ多様性をもつようになります。ベートーヴェン（Ludwig van Beethoven）の曲を聴き涙を流して感動する人もいれば、うるさいと感じる人もいます。セザンヌ（Paul Cezanne）の描いた「リンゴとオレンジ」の絵を観て、すごいと称賛する人がいる一方で、おいしそうと思う人もいるでしょう。イメージのもち方は人それぞれです。そこには、正解も不正解もありません。様々な捉え方から、その特徴やよさに気付き、認め合うことで自らの新しい価値が育っていきます。

第2節　聴いたり、感じたりすることから　　始まる表現

気に入った音やリズム、音楽を聴く体験を通して、人はどのような気持ちになるでしょうか。またその気持ちをどのように表現して伝えたらよいでしょうか。

1. 身近な音の存在とイメージの生成

海洋生物学者のレイチェル・カーソン（Rachel L. Carson）は、感じることの大切さを次のように示しています。「わたしは、子どもにとっても、どのようにして子どもを教育すべきか頭をなやませている親にとっても、『知る』ことは『感じる』ことの半分も重要ではないと固く信じています」[3]。

さらに、「子どもたちがであう事実のひとつひとつが、やがて知識や知恵を生み出す種子だとしたら、さまざまな情緒やゆたかな感受性は、この種子をはぐくむ肥沃な土壌です。幼い子ども時代は、この土壌を耕すときです」[4]と幼少期の体験の意味と重要性を述べています。感覚を働かせて「感じる」という経験は、大人になるにつれて蓄えられる一方で、普段の生活の中では感じにくくなっていることがあります。

体験はイメージの「種子」になります

　私たちの身の回りにある音をイメージしてみましょう。朝、目を覚ますと窓の外ではスズメの鳴き声が聴こえます。公園ではハトが、森に行けば様々な野鳥の声がこだましているかもしれません。雨の日は、雨粒の音がします。傘に当たる雨音はポツポツと、地面に当たった雨の音からはリズムが聴こえます。静けさに意識を傾けることで、音の存在に気が付くことがあります。

音から生起されるイメージと感情

　音から生起されるイメージには様々な感情が伴うことがあります。水たまりを歩くと、ピチャピチャと水のしぶきの音が出るのも楽しいものです。雪が積もると、家を出たときの町の音がいつもと全く違うことに驚きます。

　「今日はウキウキする」といったポジティブな感情や「今日はなぜか気持ちが重い」などのネガティブな感情があります。ラッセル（James A. Russell）は、心理学における感情を円環モデルとし、「快―不快」「覚醒―眠気」という軸で2次元上に体系化することを試みています。この円環モデルは「コア・アフェクト理論」と命名され、時間に応じて変化するとしています[5]。これらの感情は、気分（mood）と情動（emotion）に分けることができます。私たちは毎日いろいろな気分を感じます。私たちが感じていることに、心を傾けてみましょう。大好物のクッキーも、落ち込んで食べればおいしく感じられません。

　知覚されたことから生まれてくる情動は、その要因が特定されることが多く、表現の出発点だとも言えます。

イメージが形になり、気持ちを動かします

2. 音のイメージと表現

（1）虫の音を表現してみる

　秋の虫は夜通し鳴き続けます。素敵な鳴き声の主が、どのような形や色をした虫なのかを知りたい気持ちになります。しかし、捕まえようと近付けば、虫たちは鳴くのをやめてしまいます。虫たちが鳴き続けている声はとても魅力的です。虫の美しい声に憧れながら、声を音に出してみましょう。例えば、ストロー笛を吹いてみたり、鈴やトライアングルを鳴らしたり、お茶碗やグラスの縁を濡れた指でこすったりしてみましょう。その音色に耳を傾けることで、秋の虫になったような気分を味わえて、ますます美しい声の主の姿に興味がわいてくることでしょう。

小物楽器（鈴、カスタネット、トライアングル、マラカス、ギロ、ウッドブロックなど）を鳴らしてみましょう。

（2）歌を表現してみる

　子どもは好奇心がたいへん旺盛です。「知りたい」という欲求に満ちあふれています。「マーチングマーチ」という曲は、「チッタカタッタッタァ」と行進しながら、「か・か・かえるのおへそ、み・み・みみずのめだま、あるのかないのか、ないのかあるのか、みにいこう！」[1]と子どものわくわく

みなさんの中にある感情が表現された幼児歌曲を探してみましょう。「楽しい」「うれしい」「幸せ」「豊か」など、楽曲が持った感情のエネルギーを感じてみましょう。

*1
阪田寛夫作詞・服部公一作曲「マーチングマーチ」より。

した気持ちを歌う曲です。探検隊になって冒険に出る勇ましさが、マーチのリズムに乗って表現されています。このように、私たちのイメージや感じた気持ちは、楽曲を通して伝えあうことができます。子どもたちが抱いているイメージをどんどん歌や曲にのせてみましょう。

第3節　触れたり、見たりすることから始まる表現

　子どもは、ものに触れたり見たりすることによって様々な発見をします。こうした偶発的な発見は、興味や関心をかき立て、意欲的な次の活動へ繋がっていきます。大人（保育者）は、こうした子どもの貴重な発見やその瞬間を既知のこととして見逃しがちです。子どもの「見て！」という伝えたい気持ちに寄り添うことは、子どもの探究心を育てることを意味します。

　造形的な表現活動では、偶発的にできた「形」や「色」から自由にイメージして遊ぶ子どもの姿を見ることができます。音楽的な表現と同様に、描いたりつくったりする活動に見られる「形」や「色」に着目することでその世界観に触れることができます。

1. 描画におけるイメージの生成

（1）点や線による表現とイメージ

　子どもの描画表現に関する研究では、おおむね1歳後半〜2歳前半になると、クレヨン・パスなどを使って画用紙などに丸を描くスクリブル（邦訳：錯画、なぐり描き、掻画、乱画、以下「なぐり描き」（第3章を参照））を始めるとされています。無作為な手や腕の動き

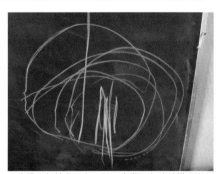

1歳児の気持ちになって、実際になぐり描きをしてみましょう

は、不規則な点や線で表現されていきますが、次第に少しいびつな同心円状のパターンへと変化します。言葉の発達とともに描かれた円は、言葉と結び付くことでイメージの生成が始まります。

（2）形にイメージを重ねる

　描かれた丸は、単に無作為な形ではなく、言葉を付け足すことで、身近な（例えばお母さんのような）人を意味する形になります。一見すると同じ形を繰り返しているように見えますが、知覚したパターンにイメージを意味付けていると捉えることができます。

2歳児のように丸を描いて、イメージしてみましょう

（3）形や色から育つイメージ

　絵の具を使って遊ぶ活動では、偶然にできた面白い形や美しい色からイメージが生まれることがあります。写真は、絵の具入りの皿をひっくり返した時のものです。青や緑の絵の具がこぼれてできた形や色から「カエル」をイメージして鳴き真似が始まりました。

偶然にできた形や色を楽しみましょう

2. 触れることから始まる表現

（1）力強い形や色の変化に触れる

　右の写真は、筆や手を使って絵の具を画用紙に塗り付ける「なぐり描き」遊びです。筆の感触や手の力の入れ具合で様々な表現が生まれます。「シュシュ」「カサカサ」等と言いながら筆を動かしてもよいでしょう。手や指に絵の具を付けて描いてもよいでしょう。

絵の具には様々な使い方があります。いろいろな方法で遊んでみましょう。

「シュシュ」と言いながら絵の具をぬりつけてみましょう

（2）柔らかな形や色の表現に触れる

　形や色がぼんやりと柔らかく広がる様子を楽しんでみましょう。5分ほど水を含ませた紙の余分な水分を切り、その上で絵の具を付けた筆を思うがままに動かしてみましょう。一度描いた絵の具の上からさらに絵の具を重ねることで、ゆっくりと色が混ざっていきます。

ぼんやりとにじむ様子に癒されます

（3）「動き」がつくる形や色に触れる

　箱の中で絵の具を付けたビー玉を転がすと、箱の傾きや振動が線になって現われ、筆を使わなくても、線を描くことができます。現代作家のオラファー・エリアソン（Olafur Eliasson）

優しい線や強い線ができます。何をイメージしますか？

は、電車の中に同じような装置を持ち込んで、電車の動きを線に変換しています。様々な動きが線などの形や色に変化することを楽しみましょう。

3. 見ることから始まる表現

（1）空気の動きでできた形や色を見る

画用紙の上に絵の具を水滴のように垂らし、強弱をつけたり、ストローの向きを変えて吹いてみましょう。形や色の特徴を捉えることは、見立て遊びに発展します。

絵の具が乾いたら、目や足を描き足してみましょう

（2）紙の折り目が作る形や色を見る

チョウの羽根のように、左右の形が1対となるような形を対称（シンメトリー）と言います。完全な1対にならないものは非対称（アシンメトリー）と言います。半分に折った画用紙を広げて、片方に絵の具を垂らして静かに閉じます。もう一度広げてみると、対称性のある模様を作ることができます。対称性がもつ面白さを発見して表現してみましょう。

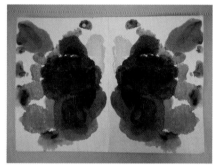
目玉を作って貼ってみましょう

第4節　身体の動きを楽しむことから始まる表現

母胎内で胎児が動くことを胎動と言い、個人差はあるものの妊娠4、5か月頃に現れます。胎内では筋肉が発達し胎動も力強くなっていきます。胎動は胎児の身体が元気に育っていることを示すサインです。新生児は、10か月もの時間を胎内で過ごし、生まれる際には既に感覚を持ち合わせています。誕生後の様々な体験が、感覚をさらに刺激し、身体機能を育てていきます。

1. 身体発達と表現活動

（1）身体能力と表現能力

　人が生涯において身体能力が著しく発達していくのは、直立二足歩行ができるようになる乳幼児期であると言われています。寝返り獲得から座位、四つ這い獲得に至るまで、およそ1年の間に自分の意志で身体をコントロールできるようになっていきます。このような全身の筋力や柔軟性は、身体能力と言われ、身体を使った豊かな表現活動をするためには必要な能力です。

（2）乳幼児の身体表現活動と模倣

　乳幼児の身体表現活動は、「音楽」「製作」といった活動だけではなく、子どもの行為や身体の動きが内面的なものから生み出されるという捉え方があります。内面は、様々な外的刺激の影響を受けて育まれていきます。身体表現は、感性を働かせて感じたことを、体全体を使って無意識に、あるいは意図的に表す行為です。見たり聞いたりする観察行為によって得られた情報から学習し、モデルの行動パターンを繰り

木の雄大さを思いっきり表現しています

返す身体活動は「模倣」といい、身体表現の始まりと言えるでしょう。

（3）感性を働かせて観察する

　身体表現は、観察行為による模倣が様々なイメージと結び付き、思いとなっていきます。

　園庭や野山に出ると、チョウやトンボ、ミミズにコガネムシ、オタマジャクシにアメンボ、たくさんの生き物が動き回っています。自然に生きる昆虫や動植物を観察すると、その身体的特徴や動きは刺激に溢れています。「ミミズは足がないのに、どうやって動いているのかな」「チョウはなんでひらひらと飛ぶことができるのかな」など、驚くことばかりです。こうした出会いは、感動的な体験として深く記憶に刻まれていきます。自然に触れ、観察してみましょう。植物や動物、大気や大地はどのようなメッセージをみなさんに与えてくれるでしょうか。

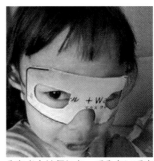
みなさんは何になってみたいですか？

2. 模倣からイメージの育ちへ

（1）模倣と見立て

　心理学者ピアジェ（Jean Piaget）が模倣理論で述べているように、1歳以前の模倣は、対象となる他人の行為と類似した反復行動ですが、1歳半を超えると体験による概念（シェマ：schema）が構築されイメージが育つため、目の前には存在しない人や動作を再現できるようになっていきます。つまり模倣が繰り返されることによって、シェマが育ち、見立て・なりきりなどのごっこ遊びが展開していきます。

身近にある素材を利用して「ごっこ遊び」をしてみましょう。

　例えば、ままごと遊びなどでは、砂をご飯に、草をおかずに置き換えるような行為を指します。このようなごっこ遊びは、想像上の世界を楽しむ遊びで、役割遊びとも言われています。幼児は身近な大人の仕草や行動を真似てイメージを共有することができるようになります。「お医者さんごっこ」「お店屋さんごっこ」など目の前に対象となる人がいなくても遊びを楽しめます。一方で、イメージが蓄積されない段階では、目の前のあるものに影響された遊びにとどまってしまいます。

　役割分担ができる表現活動からは、人間関係や社会関係が理解できるようになったことの一端を読み取ることができます。

（2）身体表現と認識

　身体表現にかかわらず、自身の表現行為は、知覚などの感覚や感情などの認知活動を評価して、やがてコントロールすることができるようになります。誰かに見られていることを意識することは、自分の身体表現が他人にどのように伝わるのかを意識化することです。自分の内面から起こる感情やそれに伴う動きを客観的に捉えることは、自分では気が付かなかった表現に出会うきっかけになっていきます。近年は、動画による身体表現の記録が容易にできるようになってきました。自身の表現を振り返る方法としてますます活用が期待されています。

レッツトライ ・・・・・・・・・・・・・・・・・・・・・・ 演習課題

①まとめの演習課題

　次のエピソードを読んで、あなたはどのようなことを感じますか？「イメージ」「憧れ」「表現」などをキーワードとして考えてみましょう。

エピソード (2)　落ち葉の感触（3歳児クラス／11月）

　11月のある日。幼稚園の帰り道。園児たちが木の下の落ち葉のたまり場にいます。行進するように左右に足を動かしたり、スーッと足を滑らせたりしています。落ち葉を踏みしめたときの柔らかな感覚と足の裏に伝わる滑らかな感触を楽しんでいます。パチパチ、サーッといった音も魅力的なようです。

②発展的な演習課題

　あなたは次のエピソードのような子どもの姿から、どんなことを考えますか。また、あなたならその子にどのように言葉をかけてみますか。

エピソード (3)　雪を描いているの（4歳児クラス／2月）

　子どもが画用紙に白いクレヨンで一生懸命に色を塗っています。何を描いているのか聞いてみたところ、「雪」を描いているのだそうです。シンシン、コンコンといいながら描いています。静かな音を奏でるように描いています。

【引用文献】
1）新村出編『広辞苑［第七版］』岩波書店　2018年　p.210
2）山下太郎「美術と絵画」（ウェブサイト「山下太郎のラテン語入門」）
　　https://www.kitashirakawa.jp/taro/?p=7983
3）L．カーソン（上遠恵子訳）『センス・オブ・ワンダー』新潮社　1996年　p.24

4）同上書　p.24

5）J. A. Russell, "Core affect and the psychological construction of emotion," Psychological review, vol.110, no.1, pp.145, 2003.

【参考文献】

佐伯胖・藤田英典・佐藤学編『表現者として育つ』東京大学出版会　1995 年

佐藤学・今井康雄編『子どもたちの想像力を育む―アート教育の思想と実践―』東京大学出版会　2003 年

大場牧夫『表現原論―幼児の「あらわし」と領域「表現」』萌文書林　1996 年

津守真『子どもの世界をどうみるか―行為とその意味―』NHK 出版　1987 年

岡本夏木・清水御代明・村井潤一監修『発達心理学辞典』ミネルヴァ書房　1995 年

森上史朗・柏女霊峰編『保育用語辞典』ミネルヴァ書房　2012 年

谷田貝公昭編集代表『改訂新版　保育用語辞典』一藝社　2019 年

保育小辞典編集委員会編『保育小辞典』大月書店　2006 年

写真協力：
　声楽家　宮澤優子さん

第2章 乳幼児と表現の世界

●はじめのQ

保育者を目指すためには、様々な領域を学ぶ必要があります。その一領域として「表現」があります。日常生活を通して「表現」の存在に気付き、「表現」するために「感性」を育むとはどういうことなのでしょう。次のエピソードを読んで、あなたが感じたことを言葉にしてみてください（考える時間の目安：3分）。

 エピソード (1)　きれいな石を拾ったよ！（4歳児クラス／9月）

ある日、様々なものに関心を示すマサトくん（4歳児）が外遊びから帰ると、大切そうに何かを持ってきました。担任の保育者が「何を持っているの？」と聞くと、うれしそうに小さな両手にのせて保育者の目の前に差し出しました。「きれいな形の石を見つけたよ」と目を輝かせながら答えました。保育者は、細長い形をしているけれども、特に形や色がきれいなわけでもなく、どこにでもある石だと思いました。

●本章の学びのめあて

日々の園生活の中に、子どもの自由な「表現」があります。保育者は、子どもの姿を見るまなざしをもつことと、感性を育む関わり方が求められます。ごっこ遊びやお絵かき、音やリズムなどの「表現」を通して、子どもとコミュニケーションを図りながら、「感性」を育むことが重要です。

本章では、子どもの「表現の芽」を大切に育むことを一緒に考えていきましょう。

第1節　子どもにとって「表現」とは何か

　冒頭のエピソード（1）の続きをみてみましょう。石から勇者ごっこの遊びが広がっていきます。

 エピソード (2)　「勇者の剣が入っているの」（4歳児クラス／9月）

　保育者は、マサトくんがうれしそうに石を見せるので、捨てなさいとは言わずに、「その石はどんな石なのかな？」と聞くと、マサトくんは「この石の中に勇者の剣が入っているの。だから大切にしないといけないの。ねえ先生、これピカピカに磨いて悪者をやっつけてあげる。ぼくは勇者だよ」と言いながら石を磨き、その石を使って友達と"勇者ごっこ"に発展していきました。

　大人が何気なく見ているものでも、子どもにとってそれがとても新鮮で素敵なものになることを教えてくれるエピソードです。ただの小石が時に宝物となり、何か別のものに変身しながら、遊びを通じて「表現」の一つとなっていきます。

　「表現」とは、心の中にあるものを形にして表すことです。それでは、子どもにとっての「表現」とは、そして「表現」の大切さとは何でしょうか。

1. 遊びや生活を通した「表現」

　子どもの表現活動を考えるとき、遊びや生活を考えなければいけません。日々の生活において、子どもの遊びは表現活動であり、大変重要な意味をもちます。子どもにとって遊びは生きることと同じくらい大切なものであり、大人で言えば仕事、そして学びでもあります。子どもは、遊ぶことにより好奇心を育て、たくさんのことを学び、心や身体を健やかに発達させていきます。そして、その遊びの空間には、自然や人工的な素材など、様々な感触や形・色・音・香り・味などがあり、子どもはそれらを感じ取り、そこから様々なものを学びます。日常の何気ない風景、例えば道端にどんぐりが一つ落ちていても、それを手にした瞬間に興味・関心から子どもにとっての「表現」が始まり、自分なりの思いを伝えようとしていくのです。

2. 子どもの「表現」における過程を大切にする

子どもと大人では、「表現」に何か違いがあるのでしょうか。違いがあるとすれば、何が異なるのでしょうか。

私たち大人の「表現」は、対象や素材の特徴を経験や学びを通してイメージで捉え、表現意図を具体化・明確化することにより、絵や彫刻、音楽などになっていきます。

一方、子どもの「表現」は、対象や素材・技法に対して興味や関心、好奇心をもちますが、多様な広がりに変化し、一つの方向や目的に収まらず、その表現活動の結果として作品や音楽、言葉などに繋がります。子どもと大人の表現には目的の設定や表現方法の模索など、共通する部分も多いですが、大人の表現におけるインスタレーション*1作品のように、子どもの表現では、特にその過程、つまり表現している時間も作品として大切に考えることが重要です。

3. コミュニケーション・ツールとしての「表現」

子どもの表現には、コミュニケーション・ツールとしても重要な役割があります。表現は、作品を通して自分の言いたいことや考えていることを他者に具体的に伝えるための能力でもあります。一緒にものを作ることを通して、身近な友達と体験を共有し、共感していく能力が育成されていきます。

子どもの思いが作品を通して「表現」となります

折り紙製作などを例にとっても、子どもが一人で黙々と折ることよりも、保育者が子どもと活動を共にすることによって心を通わせ、手と心と言葉が結び付いた充実したひと時を過ごすことができます。このように、コミュニケーション・ツールとしての「表現」は、人としての心の成長に欠かすことができないものです。

次の写真の作品を見てみましょう。これは、4歳児クラスの子どもが描いた絵です。左の人に注目してください。これはお母さんを表しており、「きょうだい（妹）が欲しい」という気持ちを、お母さんのお腹のあたりに顔を描くことで表現していることがみてとれます。子どもが自分の思いを伝えたい時、大人には思いもよらない多様な「表現」で表すことがあります。

*1 インスタレーション
20世紀後半以降の現代美術における表現手法の一つで、決められた屋外や室内に「設置」することにより、空間を構成する作品を指します。それらの作品には、設置することそのものを問う表現や、つくる過程そのものの「行為」を表現したものなどがあります。

お母さんのお腹に赤ちゃんが描かれているね。

「お兄さんになりたい」
４歳児・家族の絵（部分）

4. ごっこ遊びや模倣による「表現」

フランスの社会学者ロジュ・カイヨワ（Roger Caillois）は、"遊び"が文化の発達に繋がるとして、子どもの模倣（ミミクリ・模擬）を取り上げています。子どもは音や声を聞きその通りに発声し、人の動きを真似しながら学びます。「ふり」や「なりきり」などのごっこ遊びは、こうした模倣を通して生活場面を見立てたり、空想の世界を楽しんだりしながら、他者に合わせようとする社会性を育みます。こうした模倣は描画活動にも多く見ることができます（写真参照）。

模倣がみられる活動

ひと口に模倣と言っても、よく見ると様々な模倣があります。無意識の模倣、積極的な模倣、あるいは、イメージがまとまらず自信がないために行う模倣もあります。模倣する子どもに対して、その子らしさを認め褒める機会を常に設け、じっくり向き合ってください。そして、描いた絵について具体的な言葉がけを心がけるようにしながら、誰かのために描いてあげたい、自ら進んで描きたいという気持ちを育んでいくことを大切にしてください。そのためには、一人一人が楽しく表現できる環境を構成していくことが、保育者としての役目になります。

第2節　表現の芽を育むために

　生活や遊びの中で、ものを操作したり、口ずさんだり、（身近なものを）振ったり、叩くなどの行為を通して、人は心が動いたり、安心したりします。そうした何気ない行動の中に"表現の芽"は隠されています。ここでは、表現の芽を手がかりとして、「表出」と「表現」の意味について考えます。

1. 表現の芽

　乳児が母親とまなざしを交わす中で微笑んだり、面白い音や動きを指差して「ワー」と唱えたりする様子を見かけることがあります。また、幼児がそばにいる親しい大人に「見て、見て」「もう一回」などと伝えたりする姿も頻繁にみられます。このように、乳幼児は周囲の人やものと関わりながら、自分自身の気持ち（興味・関心、好奇心）を表します。自然に生じる行動は「表現の芽」と言えます。保育者は、乳幼児が示す「表現の芽」を大切にし、共感的に汲み取っていきます。

2. 無意識の「表出」と意識的な「表現」

　私たちは、美しいものを見たり、興奮したりすると、思わず「おー」と声を発したり、手足を動かしたりします。乳幼児の姿の中にも同じような言動が見られます。例えば、面白い、びっくりした、不思議だな、がっかりした等、様々な感情を抱くとき、自然発生的に声や動きが見られるのです。このように、無意識に突発的に発せられる行動は「表出」です。これは「表現」とは区別されるものです。

　一方、「表現」は自分の感情や考え、あるいはイメージを意識的に誰かに（何かに）向けて伝えようとする行動と言えます。言い換えるなら**表現とは、"無意識に表される表出のエネルギーを基礎にしながら、意図的に自分の内側にあるものをあらわしにしようとする行動"**なのです。表現力を育むためには、心の内側に湧いてくる感動体験が欠かせません。日々の遊びや生活の中で、身近な人・もの・出来事との関わりを大切にし、その関わりを子どもが楽しいと感じられるように工夫してみましょう。

3. 生活と遊び

　子どもは、情緒的に安定した環境の中で育つことが保育の基本です。特に

乳幼児期では、成長の過程で様々な課題に直面します。

　乳幼児が直面する課題の一つは、基本的生活習慣の獲得、そして言葉や運動能力の獲得です。彼らが課題と直面し、模索している時間は「探索」の瞬間なのです。保育者は、子どものよきパートナーとして子どもの「探索」に寄り添い、共感的に関わることが重要です。表現力の育ちは、こうした日々の生活と遊びの充実によって高められていくのです。

　図2−1は、「表現の芽」が表現に至る過程を描いた構図です。基礎になるのは日々の生活や遊びの中での体験です。子どもは、身のまわりにある人やもの、動きや出来事などと出会い、体内にため込まれます。体内にため込まれたものは、徐々に概念化（イメージ化）され、分化された形で表現されるようになるのです。

　日々の生活や遊びの中で、子どもは周囲の人から言葉をかけられます。その言葉は子どもの体内にため込まれ、語彙として概念化（イメージ化）されていきます。次第に、子どもはその語彙を使って自分の思いを語り伝え、表現するようになるのです。

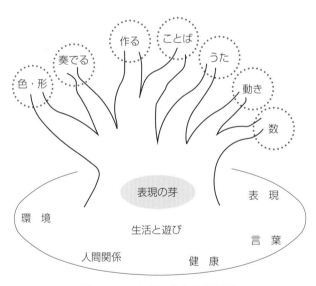

図2−1　表現の芽と表現活動

第3節　感覚から感性へ

1. 子どもの感性を引き出すために

写真のように、机の上に粘土があります。みなさんは、この粘土の活動を見て、イラスト①②のどちらをイメージしますか？

粘土を手にする子どもたち

①粘土で作る具体的な題材をイメージした

②粘土を介した子どもとの関わりをイメージした

　①をイメージしたあなたは、作品ができることの大切さを重視している傾向があるかもしれません。それに対して、②をイメージしたあなたは、子どもの感性を育むことを重視しています。どちらも大切ですが、子どもの「表現」活動における過程を大切にするのであれば、②の、手でこねた粘土の形が変わることの楽しさや、触覚などの感覚を使って感性を育む活動を行ったのち、①の活動に入ることを大切にしたいものです。

2. 感覚と感性

　次に、感覚と感性について考えてみましょう。よく似ている言葉ですが、感覚と感性は異なるものです。一言で言えば、感覚から感性が生まれていきます。

　辞書で調べてみると、感覚は「光・音や、機械的な刺激などを、それぞれ

に対応する受容器が受けたときに経験する心的現象。視覚・聴覚・味覚・嗅覚・皮膚感覚・運動感覚・平衡感覚・内臓感覚などがある。物事を感じとらえること。また、その具合」[1] と解説されています。子どもが物事を感じとらえるとき、こうした五感（視覚、聴覚、触覚、味覚、嗅覚）や、その他の感覚を通して外界を認知していきます。

　一方の感性とは、「外界の刺激に応じて感覚・知覚を生ずる感覚器官の感受性。感覚によってよび起こされ、それに支配される体験内容。従って、感覚に伴う感情や衝動・欲望をも含む」[2] ことです。

　以上のことをまとめると、感覚から感性が生まれるに至るまでには、**感覚⇒知覚⇒認知⇒感性**という複雑なプロセスをたどっていることがわかります。

　保育者は、子どもに知識をつめこむだけでなく、感覚に働きかける活動を通して豊かな感性を育むことが求められます。そして、保育の活動の中で子どもとコミュニケーションを深めながら表現することにより、子どもの感受性を育み、表現力の豊かな人間に育つように心がけています。

演習課題

①まとめの演習課題

1．日常生活の中にみられる「表出」と「表現」のエピソードを採取し、報告してみましょう。その姿の中に見られる心の動きを想像してみましょう。

2．身近な素材や材料を用いて表現活動をするエピソードを話し合い、そこから子どもの「感性」を育む関わり方について話し合ってみましょう。

②発展的な演習課題

1．身の回りにあるハンカチや手袋、あるいは積み木などを人形に見立てて、乳幼児に話しかけてみましょう（あるいは数人で会話をしてみましょう）。

2．オノマトペを用いて話してみましょう。例えば、「あ」だけを使って会話してみましょう。

3．身近にある木の葉っぱや木片の香りや手触り、形の面白さを発見し、意見を共有しましょう。

【引用文献】

1）新村出編『広辞苑［第七版］』岩波書店　2018 年　p.664

2）同上書　p.2494

【参考文献】

R．カイヨワ（多田道太郎・塚崎幹夫訳）『遊びと人間』講談社　1990 年

協力園：

　学校法人京都女子学園　京都幼稚園

　ベネッセ　川崎新町保育園

　横須賀市立田浦保育園

第**3**章　子どもの育ちと表現の芽生え

●はじめのQ

　次のエピソードを読んで、このような子どもの姿をどのように捉えたらよいと思いますか？　保育者としてどのような関わりをしたらよいか考えてみましょう（考える時間の目安：3分）。

エピソード (1)　題材に合った絵が描けないジュンくん（4歳児クラス／9月）

　みんなで楽しく動物園に遠足に出掛けました。翌日、描画の時間に先生は「楽しかった遠足」という題材で絵を描いてもらおうと画用紙を配りました。周りの友達は見てきたサルなどを描き始めましたが、ジュンくんだけは何も描けず困っています。ジュンくんにとって遠足は、絵で表したいという印象的な出来事ではなかったのかもしれません。

●本章の学びのめあて

　エピソードのジュンくんのように、園での行事を題材とし、それに合った内容で友達と同じペースで描くことができない子どもがいることは、珍しいことではありません。本章では「子どもにとっての造形活動だけでなく、歌を歌うことや身体で表すなど様々な表現の重要性」について子どもの発達と関連させて学びます。保育者が提案した題材が子どもにとって魅力的であり、意欲に繋がる指導ができることを目指します。

第1節　子どもの発達と質の高い実践

　保育における表現活動は、子どもの発達を踏まえた相応しい実践として保証されるものでなくてはなりません。生涯における乳幼児期の経験の重要性が保育の質として着目される中、一人一人の子どもの育ちの違いを理解しつつ、発達の目安をもちながら実践を重ねたいものです。

　本章・次章では、表現活動における子どもの心身の発達と表現スキルの関係について理解していきましょう。

1．発達に見られる個人差

「絵を描く」ためには、どんな能力が必要でしょうか

　乳幼児期は人間発達の基礎であり、心と体が著しく成長する時期です。発達とは、一般的に生まれてから生涯における変化を指します。目に見えて分かる身体の変化以外にも、心の育ちなど内面の変化も含みます。表現活動において見られる子どもの姿には様々な発達が感じられます。何かができるようになるためには、その準備が必要であり順次的な形成・変化を伴います。

　表現活動という行為を支える育ちにも、発達の特性である個人差があります。発達は、遺伝による成熟と環境による学習による長期的な獲得であることを十分に理解し、育ちの目安として捉えましょう。

2．心身の発達と表現活動

　この項では、最初に表現活動に関わる身体・知的・心の育ちを軸にしながら造形的表現と音楽的表現との関わりを俯瞰的に理解しましょう。表3－1は、2017（平成29）年告示の保育所保育指針における「第2章　保育の内容」に示された発達の節目を軸として、身体の機能や認知が、造形活動や音楽活動とどのように関連しているかを示したものです。

　表現活動に現れる発達的な特徴は、心身の成長発達と結び付いていますが、1歳、2歳というような年齢の節目と必ずしも重なっておらず、緩やかな変化の影響を受けながら現れていきます。例えば生後2、3か月の子どもの特徴にある、音に対する反応は反射的なものから、音という存在やその変化への興味として育っていきます。造形活動においても、1歳6か月以降に現れる描画に発達を捉えることができますが、活動に影響を与えるものとして、身近な大人との応答的な関係を通して心が安定することや、環境からの刺激がなければ、活動の原動力になる内面が豊かに育っていくことは想像しにくいでしょう。

表3-1　発達の道筋と表現活動

		身体・知的・心の発達的特徴	造形的な表現活動に現れる特徴	音楽的な表現活動に現れる特徴
乳児	2、3か月	・クーイングが出始め、微笑むようになる ・首がすわる ・音が鳴る方向に注意を向ける（注目や追視する）		・リズミカルな音に注意を向ける ・鳴っている響きや楽器を見つめる ・明確に異なるピッチを識別する
	6か月	・喃語を発するようになる ・目と手の協応が始まる ・身近な人の模倣が始まる		・ものをたたき音を出す（機能遊び） ・繰り返しのある動きや歌を楽しむようになる ・5度音程ほどの異なる音程を識別できる
	8か月	・拇指対向操作（親指を使って掴む）が現れる ・つかまり立ちができる		
	10か月			
1歳以上3歳未満児	12か月	・尖指対向操作（親指と人差し指を使ってつまむ）ができる		・自分が出した声や声を出す感覚を楽しむようになる
	1歳3〜4か月	・つかまり立ちから安定したひとり歩きになる		・気に入った旋律の断片を口ずさむようになる
	1歳6か月以降	・直立歩行が完成する ・言語機能の著しい発達 ・自我が芽生え始める		・メロディーやリズムのパターンを楽しむようになる
	2歳	・手と目の連動による運動能力が育つ ・手首のコントロールができるようになる ・自我の育ち（自分でやりたい） ・ジャンプができるようになる	パスなどの描画材を使った「スクリブル（なぐり描き、錯画）」が始まる	・歌のある部分を模倣をする ・リズムに腕や足の動きを合わせようとするが、まだうまくリズムに同期することはできない
	2歳半	・手指の発達が一層促される	・描いたものに名前を付けようとする「意味づけ期（象徴期）」が始まる ・はさみ、のりを使った簡単な工作活動が可能になる	・歌の模倣をする
3歳以上児	3歳	・左右の利き手が現れる ・音や文字、数字などに興味を示すようになる	・丸をたくさん描いたり、閉じた丸が描けるようになる ・丸い形から手足が突き出た「頭足人」の表現が現われる（前図式期） ・太陽などに目や口を描くようになる（「アニミズム（擬似化表現）」）	・音楽に合わせて知っている動きを演じ、探求するようになる。まだうまくリズムに同期することはできない ・ギャロップで動くことができる
	4歳	・身体のバランスや運動機能が著しく発達し、細やかな動きができるようになる ・話言葉がほぼ形成される	・丸以外にも三角形や四角形などを描いたり組み合わせて、具体性のあるものを描こうとする（前図式期） ・イメージしたことを絵などで表現できるようになる ・描かれたものを理解し言葉で説明ができる ・紙に描いた線にそって切ることができるようになる	・歌全体を一続きに歌うことができるようになる ・聴こえてくる拍子に体の動きを合わせることができるようになる ・リズムの同期がかなりうまくできるようになる ・スキップの動きができるようになる
	5歳	・身体の動きが滑らかになり複雑な動きもできるようになる ・話の筋を捉えて説明することができる	・画用紙などの辺に沿って天地を表す「基底線（ベースライン）」が現れて、空間的な位置関係を表現しようとする ・体験を絵で表すことができる ・はさみで直線や曲線を自由に切ることができ、必要に応じて用具を使い分けることができる	・正確に学べばほとんどの歌を安定して歌うことができる。 ・リズムの同期も安定してくる ・三連符のリズムも演じられるようになる

また造形と音楽的な発達の特徴が重なるところもあります。話し言葉の形成は、語彙の獲得が著しく進むと同時に、具体的な様子を説明できる力が育っていることとつながりがあります。言葉の理解が歌詞の理解や、イメージの育ちと関連しているのです。

第2節　乳児の発達と表現活動

　乳児とは児童福祉法や母子保健法などによれば、1歳未満児、つまり0歳児を指します。この時期は愛情あふれる養護が基礎になります。生理的機能では身長や体重の増加だけでなく睡眠時間の変化や離乳が進みます。

1. 生後6か月未満頃までの育ち

　生後2か月頃には「アー」「ウー」といった母音が中心のクーイングが出始めます。音を聞くと喜び、3か月頃には音がする方に顔を向け、声をたてて笑うようになります。その頃にはリズムに反応を示すようになり、徐々に旋律の輪郭を認知することができるようになります。6か月くらいになると、ものをたたいて音を出すことや、繰り返し遊びなど動きのある

スキンシップを取り入れた歌遊び

歌遊びを好みます。シンプルな童謡やわらべ歌が乳児の耳になじみよく、言葉の発声を促します。たくさん歌って聴かせ、子どもと触れ合う時間を大切にしましょう。運動機能は、首がすわる3か月程後から徐々に腹ばい、うつ伏せ、寝返りができるようになり、それに伴いものがつかめるように手指の操作も発達します。微笑みを返す時期を経て、自分から微笑むようにもなります。

（1）拇指対向性と造形

　手は人間の「第2の脳」と言われます。手を使う活動により大脳を発達させ、考える力が発達していきます。棒を握ったときのように親指が他の4本と対向することにより、ものを掴む

拇指対向性

ことができることを「拇指対向性（ぼ　し　たいこうせい）」と言います。霊長類や一部の哺乳類にみられる特徴の一つです。

　乳児は、生後3か月くらいまでは手で触れたものを握りますが、生後8か月を過ぎ、つかまり立ちをするようになると、しだいに拇指対向性によりしっかりと掴み、小さなものを「つまむ」ことができるようになります。そして、次第に自分を確認する行動が起こります。こうした手と目が連動し始めるまでの時期に、なぐり描きなどが現れ、「表現」というよりは手の運動感覚を楽しむといった「表出」活動がみられます。

　知覚されたことから生まれてくる情動は、その要因が特定されることが多く、表現の出発点だとも言えます。

なぐり描きについては p.39 を参照してみましょう。

（2）感覚の育ちと玩具

　乳児期は、表現活動において働く視覚や触覚の刺激に反応する時期です。目で追ったり触ったりできる手作り玩具を考えてみましょう。口に入れても安全な素材や形であることも大切です。例として、ペットボトルに綺麗なビーズなどを入れて転がしたりガラガラの様に振ったりして楽しむ玩具や、仰向けの姿勢のまま目で追ったり触ったりできる、高いところから吊るす簡単なモビールがあります。

音のする手作りガラガラに目を向けています

動く手作りモビールに興味を示しています

2. 生後6か月〜1歳3か月未満頃までの育ち

　お座り、よつばい、つかまり立ち、やがて一人で立ち上がるようになります。それらの動作を補助する道具をつくることで、それは全身で遊べる遊具になります。例えばつかまり立ちを補助する段ボール箱や、段ボールによるトンネルが考えられます。

　生後6〜8か月くらいになると、「マ」「パ」

音楽や歌に反応して体を動かします

「バ」など子音のある喃語を発するようになり、母親など身近な人の声や歌に反応し、模倣するようになります。10か月頃には音に強く興味を示し、自分の声や、声を出す感覚を楽しみます。音楽に反応して体を動かしたり、手を叩いたりします。1歳になるとリズムに合わせて動こうとするしぐさも見られ、声を発することが遊びの一部となります。また、言葉の獲得とともに、少しずつ歌の一部を歌ったりするようになります。身近にいる大人は受け応えが重要で、模倣や繰り返し遊びの機会を多く作りましょう。

第3節　1歳3か月以上3歳未満児の 発達と特性

　この頃にはひとり歩きが安定してきます。ボールを両手で抱えたり、音楽に合わせ体を動かしたりなど色々なことができるようになります。手指の発達が著しく、積み木を高く積んだり、並べたり、崩れると再び積み直すなどの操作ができるようになります。1歳3か月〜2歳未満、2歳頃の節目の特徴を掴んでみましょう。

1. 1歳3か月〜2歳未満頃の特徴

　造形表現の特徴としては、パス等を使って紙に描く「なぐり描き」が現われます。はじめは腕のストロークに任せて左右ジグザグに描いていますが、やがてグルグルの丸い形も登場してきます。描画活動における最も初期段階であり「無意味な描画活動の時期」に当たります。描く画材の紙を新聞紙や紙皿に変えたりすることで、同じ「グルグル」でも表現の幅が広がります。

　音楽表現では1歳4か月頃になると、歌の一部を歌えるようになり、気に入った部分を何度も繰り返して歌います。歌に合わせて手をたたき、楽器や

なぐり描きの作品

パスを使ってグルグルを描いています

音の出るものに興味を示します。

　1歳後半になると発語が盛んになるため、他者と一緒に簡単な歌を歌えるようになり、簡単なリズム遊びや手遊びができるようになります。リズム遊びは脳に刺激を与え、言語能力・感性・運動能力を高めます。子どもと一緒に歌う機会をたくさんつくり、歌うことの楽しさや、人と一緒に歌うことの楽しさを味わえるようにしましょう。

身の回りのものを用いて叩いている様子
（1歳6か月）

2. 2歳頃の特徴

　自己主張が強くなるこの時期は、子どもが表現しようとする気持ちに、より一層寄り添うことが重要になります。自分で表現したい、見ていてほしい、手伝ってほしいという気持ちを汲み取るようにします。

（1）歌を表現してみる

　この時期の子どもは、描画活動以外にも手先も発達し粘土遊びや折り紙での作業もできるようになります。指先が器用になってくるので、洗濯ばさみではさむことや、はさみを使うことが徐々に可能になります。また、様々な色や形、大きさがわかるようになり、意識的に色の違いによる表現を試みます。手指の操作も

粘土の型押しで遊んでいます

発達するので、3歳半くらいになると、はさみで切ったり、のりで貼ったりする作業も少しずつできるようになります。描画活動においても自分で描いたものに命名し意味を示す時期になっていきます。

紙皿に洗濯バサミをつけています

シール貼りにも興味を示しています

（2）音楽表現の育ち

　動物の真似をしてその特徴を示しながら体で表現することができるようになったり、ままごと遊びやごっこ遊びといった見立て遊びもできるようになったりします。

保育士の歌に合わせて手遊びをしています

　さらに、少しずつ歌詞の簡単な内容をイメージしながら歌ったり、リズムにのって手足を動かし、踊ることもできるようになったりします。

　2歳前半では歌の多くの部分が歌えるようになります。また、運動能力の向上に伴い、音楽に合わせて早く動いたり、ゆっくり動いたりすることができるようになります。模倣活動が盛んな時期なので、子どもの「表現に対する意欲」を引き出せる言葉がけを心がけましょう。

　2歳後半になると簡単な歌の最初から最後までを歌えるようになり、自分の好

歌いながら身振り表現を楽しみます

きなメロディーや言葉の部分を抑揚を付けて歌うことができるようになります。また、身体を動かしながら簡単な歌も歌えるようになり、身振り表現を楽しみます。リズムのある言葉を友達と共鳴しあう様子も見られます。すずやカスタネットなど、たたいて音を鳴らす楽器に触れ、音遊びも楽しみます。音楽を通して、表現力・感性・主体性・自主性・コミュニケーション能力・社会性などが育まれます。子どもが「成功したよ！」という達成感を味わえる体験がとても大切です。

第4節　3歳以上児の発達と特性

　3歳頃になると、語彙数が著しく増え、運動能力も高まってきます。歩く、走るといった基本的な運動能力を備えるようになり、ギャロップ（跳ねる）もできるようになります。簡単な動作を伴いながら歌ったりすることを楽しめるようになります。ここでは3、4、5歳児の表現活動の育ちをみてみましょう。

1. 3歳頃の表現活動

（1）象徴表現への展開

　2歳児以降は、手と目の連動による描画表現が豊かに展開していきます。この時期のスクリブルは、手首の屈筋や利き手が右であれば、時計と反対回りの方が動かしやすいため、上から下へ、左から右へ（左利きであれば右から左へ）というL字形とC字形（左利きであればそれぞれLとC字の鏡文字形）という動きに

上から下へ
左から右へ
（手首でかいている）
内旋（左まわり）手首
外旋（右まわり）肩

図3-1　LC運動

なります。これを林建造は、「LC運動」と命名しています[1]。運動による描画などといった、手を自由に使い、指での細かな操作と、「見立て」とよばれる行動により、あるものを別のもので象徴するという、重要な心の働きが芽生えていきます。また、この時期の前半は、形を羅列して表現するため、画面に統一性がないのも特徴です。

＊1
林健造『幼児造形教育論—三系論を中心として』建帛社　1987年より。

（2）手指の育ちと造形表現

　描画活動において、丸をたくさん描き「頭足人」（写真参照）が登場する頃になると、はさみの使い方も発達して、少しずつ切り抜いたり、紙を握った手を動かして切れるようになります。

　集団生活の中で様々な素材に出会い、またそれらを組み合わせて自分の世界を展開することもできるようになっていき

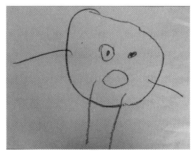

クレパスで描かれた頭足人

ます。画用紙以外にも身近な新聞紙や段ボール紙などの素材や、のりやテープ、ステープラー（ホッチキス）などの様々な道具が使えるようになり、表現の幅が広がり、立体的な造形物も生まれます。描画に関しても絵の具による混色やダイナミックな表現に発展していきます。

　少しずつ自立へ移行するこの時期は好奇心も旺盛になり、様々なものに興味を示します。画材や道具なども同じものでなく絵の具やペン、紙も大きいものや小さいもの、様々なものに触れる機会をつくりましょう。

（3）認知の育ちと音楽・身体表現

　自分の気に入った曲を何度でも繰り返し聴き、音楽を意識的に聴くことが

できるようになります。楽しい時や嬉しい時に即興的に自分で作った歌を歌うこともあります。音程も安定し始めます。手遊びや歌遊びは全身を動かすものを好み、音楽に合わせて手足を動かし、音楽を意識的に聴きながら「お遊戯」のような動作ができるようになります。集団で歌ったりリズム遊びをしたりすることもできますが、個人的な活動が中心です。

歌を歌いながら手遊びをする様子

音楽のリズムに合わせて自由に動いています（右側：3歳6か月）

2. おおむね4歳頃

この時期には感覚器及びそれらに関する感受性が高まります。4歳過ぎには利き手が決まり、右手と左手の機能による使い分けができるようになります。「4歳の壁」と呼ばれるように癇癪（かんしゃく）、わがまま、反抗の時期でもありますが、これらは認知能力の発達が関わっています。他者の気持ちに配慮し始めたり、突然大人のような言葉を発したりするのは急速な発達の影響で自分自身の内部変化に戸惑いを感じ、処理できない為に起こる現象と考えられています。

テレビやゲームにも関心が高くなりますが、それらの使用には一定のルールを設けて、この時期だからこそできる友達とのコミュニケーションを大切にしながら、社会性を身に付け、遊びの中で楽しく音楽活動や造形活動に関わってほしいものです。

この頃の幼児は、運動能力の発達が顕著で、敏捷（びんしょう）性も高まります。投・跳・歩といった基本的な運動も軽やかにできるようになります。3歳頃には難しかったスキップも、この頃にはほとんどの幼児ができるようになります。

（1）造形表現の育ち

筆記具を握り持ちでなく指を正しく使って持てるようになり、箸やはさみも正しく使えるようになり、はさみではジグザグ切りや丸に切ることができます。また、画材の正しい扱いや片付け方も覚えられるようになります。

胴体が描かれた人物

紙の組み合わせには、使い慣れたのり以外にも、テープやステープラーなどを用途に応じて使って立体的な工作にも挑戦しようとします。描画では頭足人から体のある人に変化していきます。

（2）音楽表現の育ち

集団での音楽活動も増え、歌のレパートリーが広がっていきます。他者の歌を聴きながら一緒に歌い、同時にリズムを正確にたたくことができます。歌詞の内容を理解し、音程やリズムも正確になり、曲想をつけて表現しながら歌うことができます。リズム楽器も数種類の楽器を使用した簡単な合奏ができるまでに成長します。個人の音楽活動だけでなく、集団での音楽活動を楽しむこともできるようになります。

❸．おおむね5歳頃

この時期は運動能力もさらに向上し、バランスをとる能力が発達してより複雑な活動ができるようになります。仲間意識が芽生え、共通のイメージをもち自分たちでルールをつくるなど、集団で行動する機会が増えます。そのような中で他者に対する理解や、優しい気配りなども身に付けていきます。

2017（平成29）年に告示された「保育所保育指針」「幼稚園教育要領」「幼保連携型認定こども園教育・保育要領」に伴い、文部科学省は小学校入学までの幼児期の終わりまでに育ってほしい姿として10項目、いわゆる「10の姿」を示しました。これらは人間力を養うねらいがあり、5領域（健康、人間関係、環境、言葉、表現）と関連した具体的な子どもの姿と捉えることができます。

10の姿とは、①健康な心と体、②自立心、③協同性、④道徳性・規範意識の芽生え、⑤社会生活との関わり、⑥思考力の芽生え、⑦自然との関わり・生命尊重、⑧数量や図形、標識や文字などへの関心・感覚、⑨言葉による伝え合い、⑩豊かな感性と表現です。「10の姿」は到達目標ではなく子どもを

捉える視点として示されています。小学校教育との連携も考えつつ、子ども一人一人の個性や育ちとして捉えることが重要です。

　仲間意識が生まれ協調性が育つこの時期に大切なことは、様々な表現に挑戦できるように、思い付いた時につくることができる環境が周りにあることです。素材も1種類でなく多様なものを組み合わせ工夫することができ、物語性のある世界にも発展できるとよいでしょう。

様々な素材によるお店屋さんごっこ

自分の身体をかたどって、将来の夢を描いています

（1）造形表現の育ち
①描画における空間設定の芽生え

　5歳頃になると、空間設定ができるようになり、絵画では画面の端から端まで引かれた一本の線で、主に地面を表す「基底線」が現れます。そして、上方を遠景、下方を近景として捉える意識も出てくるため、太陽が地面にめり込む表現となることもあります。

基底線のある描画事例

②知的写実性（知的リアリズム）による表現

　リュケ（Georges H. Luquet）の「写実性（リアリズム）」概念を軸とする発達段階論によると、5歳頃までは見たものを写実的に描く「視覚的写実性（視覚的リアリズム）」ではなく、頭の中に図式的に捉えて描く「知的写実性（知的リアリズム）」による表現となります[1]。視覚的リアリズムとは大人が絵を描く時の方法で、目に見えた映像を頼りにして描くことです。一方、知的リアリズムでは、目に見えた映像を大脳に入れてそのイメージを描きます。そのため子どもの絵は、レントゲン描法や展開図法など独特の空間（図式期）となって再現されます。これは、全世界の子どもに共通であり、同じ表現の発達をたどります。こうした知的リアリズムによる表現は、生活環境、男女

多視点構図の描画事例

レントゲン描法の事例

の性差、子どもを取り巻く人的・物的要因によっても影響を受けます。

（2）音楽表現の育ち

　言葉や音楽のリズムに同期する能力も高くなり、大人顔負けの演奏をする幼児がいます。音楽表現の能力は、動きや言葉の発達と深く関わり合っています。

　この頃になると声域の拡大とともに、正確な音程を取ることができ、ほぼ一貫したリズム感を身に付け、難しい曲も歌えるようになります。音楽に合わせて、スキップやギャロップなどのステップや行進ができるようになり、手拍子に加えて、足拍子もリズミカルに打てるようになります。旋律楽器も演奏できるようになり、友達と一緒に練習する過程で、嬉しさとともに充実感を感じ、協調性や社会性などが育まれていきます。

 　　　　　　　　　　　　　　　　**演習課題**

①まとめの演習課題

1．手の初歩的な動きに注目した動詞（つかむ、たたく、丸める等）を10以上挙げてみましょう。その上で、それらの行為にふさわしい素材（紙、葉っぱ、粘土等）の扱い方を考えてみましょう。
2．どのような音楽遊び（手遊び、リズム遊、歌遊びなど）が行われているのか調べてみましょう。年齢に応じた遊びを実際に試し、その遊びのねらいは何かを考えてみましょう。

②発展的な演習課題

1．触覚的または視覚的にだけでなく、音が楽しめて、聴覚にも刺激を与えるような工作を考えてみましょう。
2．上記の発展的な演習課題で製作した工作や手作り楽器を用

ペットボトル内を鈴が
落ちる手作り玩具

いて、子どもになじみ深い歌や手遊び、歌遊びを取り入れた、観客参加型の創作音楽劇を製作してみましょう。

【引用文献】
1）G. H. リュケ（須賀哲夫監訳）『子どもの絵—児童画研究の源流—』金子書房　1979年　p.179

【参考文献】
今川恭子・宇佐美明子・志民一成編『子どもの表現を見る、育てる—音楽と造形の視点から—』文化書房博文社　2005年
無藤隆監　吉永早苗『子どもの音感受の世界—心の耳を育む音感受教育による保育内容「表現」の探究—』萌文書林　2016年
H. モーク（石井信生訳）『就学前の子どもの音楽体験』大学教育出版　2002年
河原紀子監『0歳〜6歳子どもの発達と保育の本』Gakken　2011年
大竹節子・塩谷香監『0〜5歳児の発達と保育と環境がわかる本』ひかりのくに　2012年

第4章 表現スキルの発達

●はじめのQ

次のエピソードに出てくる保育の実習場面について、もしあなたが担任だったら、どのような表現の手立てを考えますか？（考える時間の目安：3分）。

✎ エピソード (1)　「七夕会を前にして」（4歳児クラス／6月）

アケミ先生は、4月に大学を卒業して赴任したばかりの新人で、4歳児クラスの副担任です。担任のリョウコ先生は保育者歴30年のベテランです。ある日の職員会議で、7月に行う七夕会で行うお遊戯のことが話題となりました。

リョウコ先生は、みんなで〈たなばたさま〉を歌いながら、子どもたちが自由に振り付けを付けて歌ったらよいと提案しました。新任のアケミ先生は、4歳児には、保育者が振り付けを付けて教えた方が分かりやすいのではないかと考えています。はたして、リョウコ先生の言われるように、4歳児が自由に振りを付けて演じることができるのでしょうか？　アケミ先生は、4歳児が自由に振りを付けて歌うことは素晴らしいと思っていますが、そのためにはどのような手立てをしたらよいのかわかりません。

●本章の学びのめあて

第3章では子どもの発達と表現について学びました。本章では、発達の道筋を踏まえた表現スキルの発達について詳しくみていきます。子どもの表現を援助する際の手がかりとしてください。

第1節　造形的な３つのスキルと発達

　子どもの造形活動における目的は、コミュニケーションにあると言えます。まず、イメージする力を身に付け、次に他人が知覚できるよう手を用いて技術・技能を身に付け、そこからメッセージを共感し再構成していきます（伝達）。ここでは、林建造の「表現過程における三系論」を参考に、子どもの造形的なスキルと発達についてみていきましょう[1)]。

1. イメージのスキル

　人が何かをしようとする時、まず頭の中でイメージし、それによって行動することができます。イメージは、１歳を過ぎた頃からできるようになると言われています。造形活動は、こうしたイメージを色や形で具体的に表すもので、先行経験を素材に組み合わせたりすることにより表現していきます。この時、大人が絵を描く時は視覚的リアリズム（目に頼って描く）により表現しますが、幼児は知的リアリズム（映像を大脳に入れて描く）により表現するという違いがあります。

視覚的リアリズムや知的リアリズムについては、第３章（p.66）も参照してみましょう。

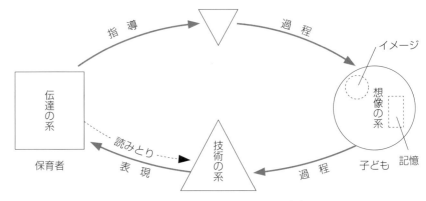

図４-１　表現過程における三系論

出典：林健造『幼児造形教育論─三系論を中心として─』建帛社　1987年　p.67

2. 手のスキル

　頭の中のイメージを具体的な形にする時、クレヨンやパスなどで画用紙に描いたり、空き箱を接着剤で付けたりというように、材料や用具を使います。材料や用具を使いこなすためには、拇指対向性やL・C運動（第３章を参照）などを通じて手指を駆使していく必要があります。最初はものを「握る」ことから始まり、４歳頃になると「つまむ」行為も一層コントロールができる

ようになるため、細かくつくり込む表現がみられます。

3. 伝達のスキル

　自分の表現したいことに区切りができると、誰かに伝えたいという気持ちが生まれます。この表現された内容が相手に通じ、伝達されることにより、造形活動が成立します。この伝達には2つあります。一つは、つぶやきながら描いている時のように自分で自分にイメージを与えているような「自己伝達」です。もう一つは「見て！　見て！」と言って相手に何かを伝えようとする「他伝達」です。造形言語である子どもの絵を言語（メッセージ）として読み取る姿勢が大切ですが、何か分からない時は本人に聞いて思いを共有してみましょう。

第2節　音楽的なスキルの発達

　周囲の人を見渡してみると、音楽的なセンスにあふれている人がいます。ところで、私たちは何をよりどころにして音楽的だと見なしているのでしょうか。マクドナルド（Dorothy T. McDonald）とサイモンズ（Gene M. Simons）は、次の5つの音楽的なスキルを示し、音楽性の根拠について述べています[2]。
　①音楽がどんな構造であるかを知覚的に聴き取る能力（聴取スキル）
　②言葉で音楽を説く能力（理解、概念、言語スキル）
　③音楽的な響きで正確に歌う能力（歌唱スキル）
　④リズミカルに拍を認識して動く能力（リズムスキル）
　⑤音楽を即興で演奏したり、つくったりする能力（演奏スキル、創作スキル）
　ここでは、これら音楽性を支える各スキルの概要について理解していきましょう。

1. 聴取スキル

　私たちは、音を聴いて様々な情報を得ています。音を聴いて、方向を感じたり、距離感を感じたり、質の違いを感じ取ることができます。つまり、音楽は様々な要素で構成されています。例えば、リズム、音色、ダイナミクス

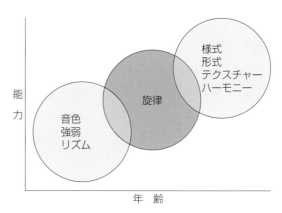

図4-2 聴取スキルの発達

出典：神原雅之編『幼児音楽教育要論』開成出版 2014年 p.4

（強弱）、旋律、ハーモニー、形式、様式、テクスチャー等です。年齢や経験の増加とともに、私たちはこれらの要素を焦点化して聴くことができるようになるのです（図4-2）。

2. 歌唱スキル

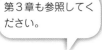

第3章も参照してください。

　　乳幼児の歌唱行動は成長や発達に伴って変化していきます（表4-1）。誕生間もない頃は狭い音程しか歌えませんが、年齢とともに高域が歌唱可能となり、一般的に1オクターブ以上まで声域は広がっていきます。

表4-1 年齢に沿った歌う行為の特徴

年齢	特徴
12〜18か月	声をいろいろに発して遊ぶ：声の響きの探究
19か月	声をいろいろ発する。その中にはメロディーを伴ったものやリズムが感じられるパターンがあらわれてくる。
19〜24か月	短い自発的な歌を、自由に探求する。それはしばしば柔軟性のある臨機応変なリズムパターンを伴い、メロディックな音程を感じさせる。
2歳	自発的に歌っている中で学んだメロディーのパターンを用いる。歌全体のある部分を歌うことができるようになってくる。
2歳半〜3歳	歌全体は正しく歌えないが、歌の模倣をする。
4歳	歌を学ぶなかで、歌全体を一続きに歌うことができるようになる：歌詞、リズム、フレーズ、メロディーの"輪郭線"
5歳〜5歳半	調性感覚が安定：正確に学べば殆どの歌を安定して歌うことができるようになる。

出典：D. T. マクドナルド・J. M. サイモンズ（神原雅之他訳）『音楽的成長と発達―誕生から6歳まで―』
　　渓水社 1999年 p.55

3. リズムスキル

リズムスキルは、運動能力の発達と深く関わっています。リズム行動の発達的特徴は、一般的に次のような過程をたどります（表4－2）。

表4－2　リズム行動の発達的特徴

年齢	特徴
生後6か月	音楽と同期した身体全体の動きではない。
2歳	腕や足の動きを用いるようになる。この年齢の約1割がビートに合わせて、いっときの間、身体を動かすようになるが、これは偶然のできごとである。
3歳～5歳	自然発生的な種々の動きが衰退してくる。そのかわりに、知っている動きを演じたり、探究したりする時期である。
4歳～6歳	身体的な調整力が発達すると同時に、聴こえてくる拍子に動きを合わせることができるようになってくる。
6歳	手をたたく。これは6歳以前にも見られることがあるが、最もよく起こるリズム反応である。

出典：D. T. マクドナルド・J. M. サイモンズ（神原雅之他訳）『音楽的成長と発達―誕生から6歳まで―』
渓水社　1999年　p.57

4. 演奏スキルと創作スキル

幼児が音楽を即興的に奏でたり、つくったりする行為は、創造性のあらわれと言えます。前述のマクドナルドらによれば、それは次のような行動に特徴付けられます[3]。

①創造性は、楽器の響きを発見する、探究する、比べるなどの行動によって、自分の内側に生じる心の動きを通して芽生える。

②創造的な表現は、しばしば歌う行為（チャント）の形で現れる。これは自発的な遊びの活動の中で頻繁に見られる。

③生まれながらにもっている音楽性を発達させる鍵になるのは即興活動である。

第3節　遊びと音楽表現

遊びで体験することと音楽する行為は、とても似ています。この点について、スワンウィック（Keith Swanwick）は、幼児期の音楽体験は、「マスタリー」「模倣」「想像的な遊び」の3つの行動に特徴付けられると述べています[4]（図4－3、図4－4）。

1.「マスタリー」「模倣」「想像的な遊び」

　「マスタリー」は、音素材との関わり（操作と制御）の中で"自分は名人芸のように何でもできる"という感覚のことです。幼児は、素材が持つ色、時間、音、言葉、ジェスチャー等に注目し、その関わりの中で、言葉や動きの流麗さを楽しみ、素材に対して敏感になります。素材との関わりを通して、技能を伸ばし、弁別力を研ぎ澄まします。

　幼児の遊びにみられる「模倣」と「想像的な遊び」は、対照的な意味合いを含んでいます。模倣は、自分を自分以外のものに似せて演じる行為です。模倣は、共感や感情移入、自分を他のものに見立てることを含んでいます。これはピアジェが言うところの「調節」と同じです。一方、想像的な遊びは、自らの都合で対象を変化させようとする行為です。物事の構造を関連付けようとする行為でもあり、ピアジェの言う「同化」なのです[5]。

　例えばごっこ遊びは、遊びの脈略の中で「マスタリー」「模倣」「想像的な遊び」を頻繁に変化させながら展開されているのです。

ピアジェについては第1章（p.42）も参照してみましょう。

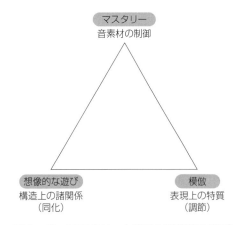

図4－3　マスタリーと模倣と想像的な遊び

出典：K.スワンウィック（野波健彦他訳）『音楽と心と教育』音楽之友社　1998年　p.84

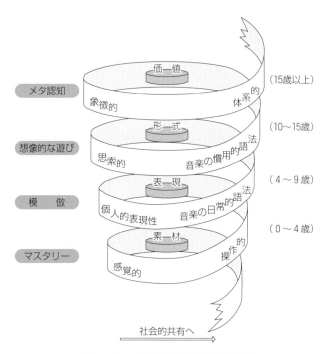

図4－4　音楽的発達の螺旋状過程

出典：K.スワンウィック（野波健彦他訳）『音楽と心と教育』音楽之友社
　　　1998年　p.109

2. 音楽能力の螺旋的発達

音楽能力の獲得過程で、マスタリー、模倣、創造的な遊びは螺旋的に現れます（図4－4）。螺旋の始まりは「感覚的なモード」です。そこから、「操作的なモード」になり、次に「個人的表現性のモード」、そして「音楽の日常的語法のモード」と発達していきます。各モードの特徴は表4－3の通りです。

表4－3　音楽のモードの特徴

感覚的なモード	音色から受ける印象に反応する。特に強弱のレベルに興味を示す。構造的・表現的な意味はほとんどない。勝手気ままな音の探求という段階（3歳頃まで）。
操作的なモード	楽器の取扱いに興味を示す。規則正しい拍子を作り始め、楽器の形状などに触発されてグリッサンド、音階、音程のパターン、トリルやトレモロなどの技法を使用し始める。4～5歳頃には明らかに制御しようとする行為も見られるようになる。
個人的表現性のモード	かなり不自然に、わざとらしく速くしたり、音を大きくしたりして、音のレベルを変化させる。音は断片的で、構造的な制御はほとんど見られない。瞬間的な感情から思いつくままの不調和な楽想という印象（4～6歳頃）。
音楽の日常的語法のモード	反復可能な旋律やリズム形を奏でるようになる。短くて単調だが構造的なまとまりもある。オスティナート（同一音型の繰り返し）や反復進行なども取り入れ、拍子感のある表現がみられるようになる（5～6歳頃から7～8歳頃）。

出典：K. スワンウィック（野波健彦他訳）『音楽と心と教育』音楽之友社　1998年　pp.107-110

第4節　身体とスキルを踏まえて　　　広がる音楽表現

人間と音の関係は、母親の胎内にいる頃から始まります。胎児は母親の体が生み出す音や外界の音を聴いています。音は子どもに様々な影響を与えています。そこで、改めて私たちも声、体の音、リズムを感じ、音楽を使用した表現遊びに発展させてみましょう。

1. 体からどんな音が聴こえるかな？

私たちの体から、どんな音が聞こえるでしょうか？

生きているということは、動いていることです。体が動いている音を聞いてみましょう。例えば、胸の奥ではドクドクという心臓の鼓動が鳴っています。飲み物を飲んだ時には、喉がゴクゴク音を立てているのが

聞こえます。手をたたく音や声も、体から発せられる音です。このほかに、体が発する音にはどのような音があるか挙げてみましょう。

2. 体の音を実際に聴いてみましょう

友だちの胸やおなかに耳を当ててみましょう。おなかがグルルと鳴っている音が聴こえるかもしれません。友だちの背中に耳を当て、声を出してもらいましょう。体がビリビリと響いているのを感じることができるでしょう。このように、日常生活で何気なく聴いていた音も、注意深く聴いてみると様々な音があることが分かります。乳児は自分から出ている音を大変楽しみます。みなさんも体の音を探してみましょう。

背中に耳を当てて、体の音を聞いてみましょう

3. 声遊びをしてみましょう

乳児は自分が発する声の響きを楽しみます。生後4～6か月は「声遊び期」といわれています。自分の声に喜び、高い声や低い声など、違う声を出そうとします。赤ちゃんとふれあう機会があれば「声遊び」をしてみましょう。赤ちゃんの出した声を真似して応えてあげると良いでしょう。体を触ったり、くすぐったりすることで、筋肉を動かし、発声のトレーニングにもなります。さらに言葉の発達にもつながり、コミュニケーションを楽しむこともできます。

赤ちゃんは自分の声で遊ぶよ

赤ちゃんの喃語にオウム返しをしてみよう

4. 体を使った音を聴いてみましょう

体を使っていろいろな音を鳴らすことができます。手をたたく、こすり合わせる、頭の先から足の先まで体の様々な部分をたたくなど、手を使った音を聴いてみましょう。また、歩く、速足、すり足、けんけん、スキップ、ジャンプをして、足を使った音を聴いてみましょう。どのような音がありましたか。子どもは自分の体の音で表現遊びをし、その遊びは音楽へ発展していきます。

5. 音楽遊びをしてみましょう

「声」「体」を使った音楽遊びをしてみましょう。スキンシップを取り入れたふれあい遊び、手遊び、歌遊び、リズム遊びなど、様々な遊びがあります。月齢に合う音楽遊びを挙げ、実践し、その遊びが子どもにもたらす影響や効果を考察してみましょう。また子どもの成長過程にあった手遊びや歌遊びを創ってみましょう。5歳くらいになると、歌のレパートリーも広がり、リズムに合わせて踊ったり、楽器を演奏したりすることもできます。

音楽遊びをしてみましょう

レッツトライ ・・・・・・・・・・・・・・・・ 演習課題

①まとめの演習課題

1. 幼児は、年齢に即してどのような動きが可能か、その基本的な動きを整理してみましょう。
2. 幼児の年齢に即して、基本的動きを用いた遊び歌を探してみましょう。そして、その歌を幼児が前にいると想定して、一緒に歌い動いてみましょう。

②発展的な演習課題

1. 幼児が遊んでいる時に語られる言葉（会話）には、どのようなリズムが含まれているか観察し、その特徴を整理してみましょう。
2. 幼児が自由に触れることのできる楽器を部屋に置いてみましょう。その時、幼児と楽器との間にどのような関わりが見られるか観察してみましょう。そして、その楽器で奏でられた表現には、どのような音楽的特徴が示されたか記録、整理してみましょう。

【引用文献】
1) 林健造『幼児造形教育論—三系論を中心として—』建帛社　1987年　pp.66-107
2) D. T. マクドナルド・G. M. サイモンズ（神原雅之他訳）『音楽的成長と発達—誕生から6歳まで—』渓水社　1999年　pp.97-134（原著：McDonald, D. T. & Simons, G. M. (1989) Musical Growths and Development: Birth through Six, Schimer Books, New York）
3) 同上書　p.60

4）K．スワンウィック（野波健彦他訳）『音楽と心と教育』音楽之友社　1998 年
　　pp.64-69
5）同上書　p.84

【参考文献】
C．ザックス（皆川達夫他訳）『音楽の起源』音楽之友社　1969 年
神原雅之編『幼児音楽教育要論』開成出版　2014 年

【第２部　保育内容「表現」の指導法】

―子どもから考える・子どものために考える―

第**5**章　表現の楽しさを広げる

●はじめのQ

　表現活動を行う際に、子どもが自由に表現の楽しさを広げるにはどうしたらよいでしょうか？　次のエピソードを読んで活動を展開する工夫について考えてみましょう（考える時間の目安：3分）。

エピソード (1)　絵本に「音」をつけてみよう（5歳児クラス／7月）

　ユリ先生は、いつも読み聞かせを行っている絵本に「効果音」をつけてみることを思い立ちました。先生は園児たちの大好きな「3匹のこぶた」の絵本を選びました。まずは、こぶたの兄弟が「わらの家」「木の家」「レンガの家」を作っている音をみんなで探してみます。ミキヤ君のグループは「わらの家の音」の担当です。先生が用意してくれたビニールの傘袋や新聞紙などをくしゃくしゃにしたり、床をたたいたりしてみます。「レンガの家の音」の担当のマリナちゃんは、先生にミュージックベルを借りられないか相談にきました。イメージに近い音を仲間と協力しながら探すのが、園児たちにとって、とても新鮮な活動のようです。

●本章の学びのめあて

　本章では、子どもの想像力を引き出す表現活動の工夫について学びます。子どもは保育者の発想をはるかに超える想像力・創造性をもっています。保育者として子どもの興味や思いに気付いて、活動のきっかけや展開に繋がるようにしたいものです。活動の中で、友達と一緒に取り組むことで、新たな遊びが生まれることがあります。遊びを広げるための言葉がけを大切にして活動を広げてみましょう。

第1節　素材を楽しむ活動 ・・・・・・・・・・・・・・・・・・・・・

　素材を繋ぐ・並べる・積み重ねる等の構成遊びや、感触遊びでは、生活廃材などに注目し、数や量が集めやすい素材を用意することがポイントです。素材を加工しなくても、遊ぶことを通して素材の特徴や性質を確かめながら活動が展開していきます。

1. 生活の中にある素材を使って

（1）紙コップで遊ぶ

　紙コップをたくさん用意して、転がしてみたり、横に並べたり、高く積み上げる活動を思い浮かべてみましょう。

　ヒィちゃんは「お城みたいだね」と言って紙コップに王様とお妃様を描いて遊んでいます。シュウくんは「お城を守る家来と武器がいるね」と言って、一緒に絵を描き始めました。紙コップの底をたたいて太鼓のように音をたてる子どももいます。

つくったものの世界で遊んでみましょう

（2）傘袋で遊ぶ

　傘袋は、中に空気を入れると風船のように膨らますことができます。袋口を捻ってセロハンテープでとめて空気が抜けないようにし、膨らませた傘袋を繋げて遊ぶことができます。

　チィちゃんとソッちゃんは傘袋をなでて音を出してみたり、袋を抱きしめたりして、体全体で感触を楽しんでいます。シュウくんは空気の入った傘袋を床に並べて、家をつくり始めました。みんながシュウくんの真似をして、色々な家が出来上がっていきました。

　もう一つのグループでは、傘袋に油性ペンでフルーツを描き、お店屋さんごっ

友達と協同しながらつくりましょう

絵を描きながら、ごっこ遊びが始まります

こが始まりました。

（3）薄い紙で遊ぶ

新聞紙、お花紙、薄葉紙（シルク紙）は、色紙等と同じ薄い紙の仲間です。薄い紙は、手で簡単にちぎったり丸めたりと自由に形を変えることができる素材です。

ハルくんは、紙を細く裂いてふわふわとした感触を楽しんでいます。ワカちゃんは、薄葉紙でベールのついた衣装をつくりました。つくった人形と衣装を使ってごっこ遊びが始まりました。

音を楽しみながら感触を確かめます

自分の考えを形にして遊びに繋げます

2. 音楽を楽しむ活動

（1）音の探検をして遊ぶ

音を意識するには、「静けさを意識する」ことであり、「身のまわりの音を聴く」ことです。アメリカの作曲家ジョン・ケージ（John M. Cage Jr.）は「無音」や「身の回りの音」も音楽として捉え、演奏者が音を出さない「4分33秒」という曲を1952年に発表しました。これは4分33秒の間、演奏者が全く音を出さない作品です。

「音の探検」をして、「音の地図」を作ってみましょう（第9章を参照）

耳を澄ませば聞こえてくる車・飛行機・工場やパソコンの音はかつて存在しない音でした。現代でしか聴くことのできない音も、大切な私たちの音です。音の存在を意識することは、音を知る第一歩になることでしょう。

（2）素材が持つ音で遊ぶ

　風は木や岩に当たって音になります。人に風の音が届くのは、耳に襞（ひだ）があるからです。波の音、川の流れの音、岩の崩れる音、動物の鳴き声。数えきれない音が昔からありました。現在私たちの身の回りの素材は多種多様です。素材をぶつけてみる、たたいたり、擦ったり、空気を当ててみると、どのような音が生まれるでしょうか。

（3）音の出し方を工夫して遊ぶ

　動物が鳴く時、哺乳類の多くは「声帯」（あるいは喉頭）を使い、鳥は「鳴管」という器官を使います。笛を「吹く」のと同じ原理です。セミやキリギリスなどは羽根を擦り合わせて音を出します。小さい体から驚くほど大きな音が出ます。これはヴァイオリンの音が出るのと同じ仕組みです。ヴァイオリンの弓で弦を「擦る」のです。秋の虫の音は、弦楽四重奏といったところでしょうか。私たちが動けば足音が出ます。足が地面を「たたく」ので打楽器と同じです。「弾（はじ）く」楽器もあります。お弁当などに付いている輪ゴムをビーンビーンと弾いてみたことはありませんか。それと同じ原理です。楽器のルーツは身近なところにあります。

第2節　みんなで表現することを楽しむ

　表現活動の楽しさは、子ども一人一人が思い描いた世界観を実現するために、納得できるまで没頭できるところにあります。表現されたもの・ことには、表現者の人格の一部（嗜好性等）や思想も含みます。自分が工夫して表現できたことで達成感を得た時や、よさを他者から褒められた時には嬉しくもなるでしょう。

　表現における共同的（協同的）な活動は、自分とは異なる様々な価値観に触れ、見方や考え方を育てる可能性に溢れています。特に乳幼児期における「協同的な学び」は、考え方が異なる子ども同士が、遊びの中で意見を聞き合いながらよさや面白さに気付き、工夫したり問題を解決したりする力を育てていきます。

　みんなで表現活動を楽しむことは、一つのトピックについて大勢の子どもが同時に取り組んだり、集団的な活動になることを目指すものではありません。子ども一人一人の得意とすることが、その集団によって認められたり、役割として力が発揮出来るように配慮することは自尊感情を育てることに繋

がっていきます。

　また協同性は、「人間関係」の育ちと深く関連しています。特定の他児と遊ぶ様子が日常的な場面で増えてくることで、子ども同士の絆や仲間意識は強く結び付いていきます。こうした意識の育ちには個人差があることを十分に理解するとともに、子どもの友達関係を注意深く観察することが協同的な活動のきっかけを掴むポイントと言えるでしょう。

1. みんなで製作・鑑賞して楽しむ

　造形表現における共同製作では、環境構成を広く確保して子どもたちの動線がぶつからないようにする配慮や、様々な活動の展開を想定しておく必要があります。こうした工夫によって、子どもの思いが途切れないようになり、楽しい活動へ繋がっていきます。

　共同製作は、個人が製作したものを一つの大きな紙や空間に集めた集合的な表現や、自分が製作したところに他児が別の表現を付け加えるなど、協同的な表現があります。

　共同で出来上がった作品をみんなで鑑賞してみましょう。そして、自分の思っていることや感じていることを友達に伝えてみましょう。普段感情をあまり表に出さない子どもの気持ちを保育者が汲み取って代弁することで、思いを共有する楽しさを味わうことができます。

（1）描いた絵を繋げる

　子どもが描いた絵を洗濯ばさみや連結クリップを使って繋げてみましょう。子どもは物語性をもって繋げていきます。「動物園ができたよ」「ウサギとウサギは一緒にして、ライオンは向こうに繋げてね」といった会話が生まれるかもしれません。時には、「同じ動物だから、一緒に描こうね」と模倣しながら描く場合もあります。模倣は子どもにとって、友達と様々なものやことを共有するきっかけになります。子ども同士で鑑賞しあって描くこともあります。

絵を繋げることによって世界が広がります

お話しながら描くと楽しいですね

（2）虹の世界を楽しむ

　保育室に用意した大きな紙（ロール紙）に、水を含んだスポンジと赤、橙、黄、黄緑、緑、青、紫の絵の具を使って虹を描いてみましょう。「虹のブランコ」「虹の運動会」などみんなで遊んでいるところを、お話をしながら描いてみましょう。

（3）描いた絵で遊ぶ

　大きな紙にローラーを使って道を描きましょう。地図が出来上がりました。空いているところに「スーパーマーケット」「保育園」「公園」などをスタンプしてみましょう。スタンプはスチレンボードを使います。スチレンボードに割り箸を用いて「保育園」や「スーパーマーケット」などを描いてみましょう。そして、ローラーでスチレンボードに絵の具をつけて、スタンプのように押してみると、街が出来上がりました。乾いたら、絵の上をみんなで散歩してみましょう。何が描いてあるか友達と話をしてみましょう。

どこにスタンプをしようかな？　　　　　　　　絵の上を散歩するのは、楽しいですね

（4）描いたもの・つくったものを飾って楽しむ

　子どもが描いた絵を、保育室や廊下などに飾ってみましょう。保育者が「飾っていい？」と尋ねると、今日の活動に満足した子どもは「飾ってほしい」と答えます。そしてお迎えの時、保護者に絵を見せながら「○○くんと一緒に◇◇を描いたよ」「これとこれは合体できるんだよ」などと説明をします。子ども自身がどこに飾るか考えるのもよいでしょう。

色や形のバランスを考えて飾っています　　　　似た形を繋げてみるのも楽しいですね

☞ 深めるワンポイント 「飾ってほしくないなあ…」という子には

　保育室や廊下には、たくさんの子どもの作品が飾ってあります。保育者は、季節の工作や行事の絵を、色のバランスを考えて飾ります。子どもは、送迎にくる保護者に「〇〇を描いたよ」「ここをつくるのをがんばったよ」と話し、会話が弾みます。Ｓ保育園では、活動の様子の写真も添えてありました。保護者は、楽しそうな様子が映っている写真を見て、目を細めて喜びます。

　しかし、中には作品を飾ってほしくないと思っている子どもがいることも忘れずにいたいものです。「今回はうまくいかなかった」「黒い色がにじんでしまった」など、友達や保護者に見てほしくないこともあります。保育者はそういった子どもの気持ちに寄り添いましょう。「うまくいかなかった」ことの後には「うまくいくことが待っている」ことを伝えましょう。これも成長の過程です。

2. みんなで奏でて楽しむ

（1）みんなで創り上げる喜び

　一人ではできないことが、大勢ではできることもあります。音の重なりが聴こえてきたり一緒に気分が高揚したり、合唱や合奏の魅力を感じ合い、一生の仲間になれる人も大勢います。

　音やリズム、曲などの感じ方は、一人一人の自由な解釈でよいのですが、合唱・合奏の音楽表現では法則があり、いくつかの決まりを共有することになります。例えば、一定のリズムをみんなで共有できると、演奏の「形」が整理されます。

　その一方で、「上手」「忠実」に演奏することにこだわりすぎてしまうと、子どもたちにとっての表現の楽しさが損なわれてしまうことがあります。ポイントは、①音を楽しむこと、②気持ちを込めて演奏すること、③自分なりに一生懸命に練習したり、演奏したりすることです。「どのような気持ちで演奏するか」「どのように感じるか」を思いながら音楽の流れに乗って表現することが大切です。

（2）音楽の三要素に注意して聴く

　合唱・合奏をすることから、私たちはたくさんのことに気付きます。音楽の三要素は、リズム・メロディ・ハーモニーといわれることがあります。音楽にはこの３つのバランスを感じることはとても大切です。自分の役割を踏

まえながら、周りの音やリズム等を感じ、お互いを意識することが、音楽の構造を理解することに繋がっていきます。こうした感覚が音の出し方を変化させ、心地よさの体験に繋がります。

　他者の音をよく聴くと、自分がどんな音を出しているのかに気付きます。「こんな音を私も出してみたい」「あのタイミングはピッタリで気持ちいい」など、鑑賞する活動を通して気付かされ、学ぶことが、実はとても多いのです。

（3）「好きな音」を発表して共有する

　音を出すことはとっても簡単で、とっても難しいものです。気持ちを音にしてみても、本当に気に入った音や自分らしい音にたどり着くために、試行錯誤をすることになります。音楽は「時間の芸術」です。5時間も続くオペラ作品もあれば、一瞬で終わる最小単位の「音の点」も音楽です。自分の気に入った音を見つけて発表し合ってみると、似たような音が好きな人がいるかもしれません。

発表の時は、聴き手の反応が大事です。発表者を心から敬い、盛り上げることが大切なマナーです

（4）やってみたいという気持ちをお互いに育てる

　「ねこふんじゃった」をピアノで弾ける人の中で、この曲の楽譜を見たことがある人はいますか？　ほとんどいないのではないでしょうか。「ねこふんじゃった」が弾けるようになったプロセスを思い起こしてみましょう。友達が弾いているのを見て、「私も弾いてみたい」「私にも弾けるかもしれない」という思いに駆られ、熱心に練習に励んだのではないでしょうか。周りの人の活動から、「やってみたい」というきっかけが生まれることがあります。

> **☞ 深めるワンポイント　むしろヘタがおもしろい！　ポーツマス・シンフォニア**
>
> 　みなさんは、「ポーツマス・シンフォニア／ Portsmouth Sinfonia」を知っていますか？　イングランドで1970年に結成されたこのオーケストラは、「ヘタウマ」、むしろ「ヘタヘタ」な演奏を繰り広げました。「美しき青きドナウ」「ツァラトゥストラはかく語りき」など数々の名演がありました。筆者は音楽表現の方向性を思案している時に、ポーツマス・シンフォニアの演奏を無性に聴きたくなるときがあります。聴いているうちに引き込まれ、気持ちが楽になり、つい笑顔になります。下手・上手を超えた音楽の魅力があるからではないでしょうか。

第3節　情報機器を使った表現を考える

　表現の広がりは、高速化するインターネット網や高性能な情報端末機器やソフトウェアの利用とも関連するようになってきました。AI（人工知能）が、スマートフォンやタブレット端末の機能の一部として搭載され、情報収集、共有、伝達の方法も大きく変化しています。写真や動画による表現はインターネット上に溢れる一方で、情報配信やモラルなどの新たな社会の課題を生み出すようになりました。

　小学校以上の学校教育現場においては、文部科学省が推進する「GIGA スクール構想」（GIGA：Global and Innovation Gateway for All）に向けた教育 ICT 環境の改革が進んでいます。この構想は「1 人1 台端末と、高速大容量の通信ネットワークを一体的に整備することで、特別な支援を必要とする子供を含め、多様な子供たちを誰一人取り残すことなく、公正に個別最適化され、資質・能力が一層確実に育成できる教育 環境を実現する」「これまでの我が国の教育実践と最先端のベストミックスを図ることにより、教師・児童生徒の力を最大限に引き出す」[1] ことを目的としています（本書の第10 章第2 節と関連）。保育・幼児教育の現場においては、社会の変容や就学後の学びを見通した取り組みが今後求められます。

　一方で、保育実践における ICT の利活用は、機器を操作したり利用することだけを意味していません。乳幼児期の表現活動においては、実体験を通した豊かな感性の育ちを重視しつつ、ICT との共生という側面から、表現方法や情報収集、活動の記録など活用の仕方について検討することが重要です。

　ここでは、情報機器を使った保育の表現活動の展開について事例をみてみましょう。

1. アプリケーションを使った表現活動

（1）乗り物のカードゲームを楽しむ

　インターネットに接続した情報端末を使って様々な乗り物の音源を探しておきます。電車や自動車などが描かれた「乗りものカード」を保育者が事前に用意したり、製作活動で描いた絵を使ったりして、音とカードのマッチングゲームをしてみましょう（写真は、クイズカードの例）。

様々な乗り物の音を楽しみましょう

（2）カメラを使った表現活動の記録

　子どもの活動風景や作品をカメラに収めましょう。子どもの作品を記録することで、表現することの発達過程の記録になります。またその時の興味関心を確認することもできます。

　また、作品展をカメラで記録することも忘れずに。次年度の展示の仕方や、作品のアイディアに生かすことができます。

作品を記録しておくことで、明日の保育に生かすことができます

2. 現代ならではの音楽表現の実践について

（1）カメラを使った表現活動の記録

　「昆虫採集」ならぬ「音採集」をしてみましょう。ICレコーダーやスマートフォンなどの録音機能を利用しましょう。園庭や公園などで、気に入ったり、気になったりした「音」を録音してみましょう。1年中聞こえる生活音（車や電車、工事の音など）、季節の虫の声（夏はセミ、秋は鈴虫など）、雨や風の音、人の声など、様々な「音」を「採集」してみましょう。保育室や教室に戻って、スピーカー越しにもう一度聞いてみましょう。再現された音の中に、さっきは聞こえなかった音が混じっていないでしょうか？また、聞こえ方が違っていないでしょうか？　また、時を空けて「採取した音」を聞いたときに、その音からその時の記憶が蘇らないでしょうか？　例えば、「セミの声」を冬に聞き返してみた時、その音が「夏の暑さ」や「みんなで汗をかいて遊んだ」記憶まで連れて帰ってきてくれるかもしれません。

（2）ピアノをレコーディングしてみよう

　先生が「一人二役」したい場面がありませんか。「ピアノの伴奏もしたいけれど指揮もしたい」などのケースです。そういった場合、他の先生に「一役」お願いするのが一つの解決案です。もう一つの解決策は、ピアノなどをレコーディングしてそれに合わせてアンサンブルするやり方です。一部「生演奏」になりませんが、それが「かえって面白い『表現』」と捉えることができます。

　遠隔で「アンサンブルができる」アプリケーションも誕生しています。他にも、「作曲アプリ」「読譜トレーニングアプリ」「マイナス1アプリ（カラオケのように1パートのみ抜いてある音源やマルチトラック）」など、多くの新しいツールが誕生していますし、これからもどんどん開発されるでしょ

う。これらも、表現の意味や多様性、教育上の配慮の下、積極的に取り入れていきたいものです。なぜなら、私たちは子どもも含めて「現在進行形のICT社会」に生きているからです。大人が考えもつかない「無限の可能性」を子どもたちはもっています。「表現」の分野においても、子どもと大人が刺激し合い、楽しんでみましょう。

演習課題

①まとめの演習課題

1. 身近な素材を使って「夏」を表現してみましょう。「夏」と聞いて何を想像しますか？　答えはありません。感じるがままに表現をしてみましょう。
2. 今、皆さんには何種類の「音」が聴こえていますか？　聴こえる全ての音を書き出してみましょう。そして、その音を分類してみましょう。

　　例：①意識に上がっていた音とそうでないもの、②音の大きさの順番、③自分の好きな音の順番、等。

②発展的な演習課題

1. 5人ほどのグループをつくり、みんなで3歳児の気持ちになって大きな絵を描いてみましょう。また、そのグループで手作り楽器を作り、今度は5歳児の気持ちになって演奏をしてみましょう。ここで、子どもがどのようなイメージをして表現したか、また、どのような気持ちになったか書いてみましょう。

　　例：みんなで、魚になったことをイメージして海を表現した。海を一緒に泳いでみたら、気持ちが良かった。友だちと一緒に描くことによって、互いの思いや考えを共有できる気持ちになった。

2. 「幼児歌曲の弾き歌い」を「分業」してみましょう。自分の得意な曲や好きな曲で行ってみましょう。ピアノパートをレコーダーで録音し、それに合わせて歌ってみましょう。そして、感じたこと、考えたこと、よい点、悪い点などを仲間と発表し合いましょう。

3. 「作曲のできるアプリケーション」でクラスの「オリジナルソング」をつくることも、これまでより手軽に取り組めるようになったと言えます。そのような活動を行う際、「表現」の観点から配慮するべき点（アプリケーションの操作とは別に）を挙げてみましょう。

【引用文献】
1）文部科学省「GIGAスクール構想の実現へ」（リーフレット）2020年　p.3

協力園・資料提供：

　社会福祉法人済聖会新砂田保育園（名古屋市）

　社会福祉法人済聖会しんほそぐち保育園（名古屋市）

写真提供：

　声楽家　宮澤優子さん

第6章 保育所保育指針、幼稚園教育要領、幼保連携型認定こども園教育・保育要領における領域「表現」

●はじめのQ

保育所保育指針、幼稚園教育要領、幼保連携型認定こども園教育・保育要領、及び各解説には、「育みたい資質や能力」「幼児期の終わりまでに育ってほしい姿」というキーワードがあります。これらは、従来のねらいや内容に基づいて保育を行うこととは、何か違いがあるのでしょうか。考えてみましょう（考える時間の目安：3分）。

エピソード (1) 「基礎」の大切さって何？（保育所1年目ケイコ先生／7月）

4歳児の担任のケイコ先生は、着任1年目の新任であり、大学では成績優秀者として卒業した真面目な先生です。「資質・能力の3つの柱」について、自分はしっかり理解していると自負していました。そこで、「知識及び技能の基礎」「思考力、判断力、表現力等の基礎」「学びに向かう力、人間性等」を基にねらいを組み立てるために、「絵筆の使い方」「色の混ぜ方」などの説明を模造紙に分かりやすく示し、その絵画の指導計画を主任の先生にチェックしてもらいました。すると主任の先生は一言、「今回の絵画活動で子どもは何を学ぶのかな？基礎が大切、ただ情報を与えられて知るだけの保育ではなく、これまで通りの保育をしてくださいね」と再考の指導を受けました。

●本章の学びのめあて

エピソードにあるように、「知識及び技能の基礎」「思考力、判断力、表現力等の基礎」と聞くと、「基礎」という文言が頭に入らず、「知識及び技能」「思考力、判断力、表現力等」に意識が向いてしまいがちです。

ここでは、幼児期に育みたい「資質・能力」並びに「幼児期の終わりまでに育ってほしい姿」（10の姿）と領域「表現」の繋がりをしっかりと理解し考えてみましょう。

第1節　幼児期に育みたい「資質・能力」と領域「表現」

1.「資質・能力」と表現

　保育所保育及び幼稚園、幼保連携型認定こども園における教育の側面において、「育みたい資質・能力」を理解する上で「知識及び技能」や「思考力、判断力、表現力等」「学びに向かう力、人間性等」のいずれも"基礎"を培うことが目指されている点が重要です。小学校における教科教育とは異なり、基礎に重きを置きます。豊かな体験を通じて、感じたり、気付いたり、できるようになったことなどを使い、考えたり、試したり、工夫したり、表現したりする心情・意欲・態度が育つことが大切です。幼児の自発的な活動である遊びや、生活の中で育むことの大切さも忘れてはいけません。

　「資質・能力」が5つの保育内容の領域によって育まれていき、幼児期の終わり頃に現われてくる様子が「幼児期の終わりまでに育ってほしい姿」として示されています。

「資質・能力」については、序章の図2：p.23を参照してみましょう。

（1）知識及び技能の基礎

　「知識及び技能の基礎」とは「豊かな体験を通じて、感じたり、気付いたり、分かったり、できるようになったりする」ことです。積み木遊びや泥遊びなど、日常の生活における遊びを通して経験を積み重ねることにより、様々なルールや法則、関連性、好奇心、言葉の獲得や理解など表現の基礎を獲得していきます。

（2）思考力、判断力、表現力等の基礎

　「思考力、判断力、表現力等の基礎」とは、「気付いたことや、できるようになったことなどを使い、考えたり、試したり、工夫したり、表現したりする」力のことです。

　右の写真を見てみましょう。恐竜を2本足で立たせたいのですが、うまくいきませんでした。ある子どもの「恐竜は頭と尻尾を使ってバランスをとっているんだよ」という意見を基に、前後に振れる釣り合いを考えるために何回も何回も理科の実験のようなことを始めました。そして、尻尾を使って2本足でバランスよ

く立たせるにはどうしたらよいかなど、考えたことや感じたことを自分なりに表現し、友達に伝え合い、振り返りを何度も行い思考することにより、ようやく立派な2本足で直立する恐竜が出来上がりました。

このように、友達との様々な思考を獲得した知識及び技能をどのように表現するのか、自分自身の行動に関する基礎が培われるようになります。

（3）学びに向かう力、人間性等

「学びに向かう力、人間性等」とは、「心情、意欲、態度が育つ中で、よりよい生活を営もうとする」ことです。表現活動においては、見たい、聴きたい、つくってみたい、飾ってみたい、演じたい（演奏したい、歌いたい）などの好奇心や意欲、友達と一緒にやってみたいなどの協同性も含まれます。造形表現や音楽表現は、乳幼児期や児童期に限った活動ではなく、生涯にわたり芸術を楽しみ人生を豊かにするものです。こうした興味や関心は芸術への嗜好性として育っていきます。

2. 幼稚園教育要領、保育所保育指針、幼保連携型認定こども園教育・保育要領における領域「表現」の捉え方

保育内容は、養護を基盤にしつつ、「健康」「人間関係」「環境」「言葉」「表現」の5領域に、相互の関連をもたせながら、乳幼児が園での生活全体を通じて様々な体験として積み重ねられていきます。なお、乳児はまだ発達が未分化であるため、保育内容は5領域との関連をもたせながら、3つの視点として示されています（図6-1）。

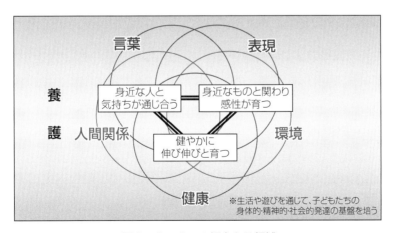

図6-1　3つの視点と5領域

出典：厚生労働省「保育所保育指針の改定に関する議論の取りまとめ」2016年12月21日

では、5領域のうち「表現」にはどのような目的やねらいがあるのでしょうか。保育所保育指針等において、感性と表現に関する領域「表現」の目的は、次のように示されています。

保育所保育指針

第2章　保育の内容
2　1歳以上3歳未満児の保育に関わるねらい及び内容
表現
　感じたことや考えたことを自分なりに表現することを通して、豊かな感性や表現する力を養い、創造性を豊かにする。

　保育においては、幼児が生活の中でイメージを豊かにし、自分の感情や体験を自分なりに表現する充実感を味わうことにより、豊かな感性や表現する意欲を身に付けることを目指します。この目標にみられる「子どもの理想的な育ち」への願いを具体的に示しているのが、「第2章　ねらい及び内容」の中にある領域「表現」の「ねらい」です。これらは、園において育みたい資質・能力を、「幼児の生活する姿」から捉えたものです。そして、「ねらい」を達成するために指導する事項が「内容」となります。

　このように、「資質・能力」と保育内容は繋がっています。それでは、年齢期順に「ねらい」と「内容」をみていきましょう。

第2節　乳児保育の視点と「表現」

1. 乳児保育の3つの視点

　ここでは乳児期（0〜1歳）における保育の視点について理解しましょう。保育所保育指針と幼保連携型認定こども園教育・保育要領では、乳児保育の3つの視点を挙げています。

　これらの視点について、「表現」の観点からみてみることにしましょう。

保育所保育指針

第2章 保育の内容　1 乳児保育に関わるねらい及び内容
ア　健やかに伸び伸びと育つ
　健康な心と体を育て、自ら健康で安全な生活をつくり出す力の基盤を培う。

（ア）ねらい
①身体感覚が育ち、快適な環境に心地よさを感じる。
②伸び伸びと体を動かし、はう、歩くなどの運動をしようとする。
③食事、睡眠等の生活のリズムの感覚が芽生える。
（イ）内容
①保育士等の愛情豊かな受容の下で、生理的・心理的欲求を満たし、心地よく生活をする。
②一人一人の発育に応じて、はう、立つ、歩くなど、十分に体を動かす。
③個人差に応じて授乳を行い、離乳を進めていく中で、様々な食品に少しずつ慣れ、食べることを楽しむ。
④一人一人の生活のリズムに応じて、安全な環境の下で十分に午睡をする。
⑤おむつ交換や衣服の着脱などを通じて、清潔になることの心地よさを感じる。

イ　身近な人と気持ちが通じ合う

　受容的・応答的な関わりの下で、何かを伝えようとする意欲や身近な大人との信頼関係を育て、人と関わる力の基盤を培う。
（ア）ねらい
①安心できる関係の下で、身近な人と共に過ごす喜びを感じる。
②体の動きや表情、発声等により、保育士等と気持ちを通わせようとする。
③身近な人と親しみ、関わりを深め、愛情や信頼感が芽生える。
（イ）内容
①子どもからの働きかけを踏まえた、応答的な触れ合いや言葉がけによって、欲求が満たされ、安定感をもって過ごす。
②体の動きや表情、発声、喃語等を優しく受け止めてもらい、保育士等とのやり取りを楽しむ。
③生活や遊びの中で、自分の身近な人の存在に気付き、親しみの気持ちを表す。
④保育士等による語りかけや歌いかけ、発声や喃語等への応答を通じて、言葉の理解や発語の意欲が育つ。
⑤温かく、受容的な関わりを通じて、自分を肯定する気持ちが芽生える。

ウ　身近なものと関わり感性が育つ

　身近な環境に興味や好奇心をもって関わり、感じたことや考えたことを表現する力の基盤を培う。
（ア）ねらい
①身の回りのものに親しみ、様々なものに興味や関心をもつ。
②見る、触れる、探索するなど、身近な環境に自分から関わろうとする。
③身体の諸感覚による認識が豊かになり、表情や手足、体の動き等で表現する。
（イ）内容
①身近な生活用具、玩具や絵本などが用意された中で、身の回りのものに対する興味や好奇心をもつ。

②生活や遊びの中で様々なものに触れ、音、形、色、手触りなどに気付き、感覚の働きを豊かにする。
③保育士等と一緒に様々な色彩や形のものや絵本などを見る。
④玩具や身の回りのものを、つまむ、つかむ、たたく、引っ張るなど、手や指を使って遊ぶ。
⑤保育士等のあやし遊びに機嫌よく応じたり、歌やリズムに合わせて手足や体を動かして楽しんだりする。

（1）身体的発達に関する視点「健やかに伸び伸びと育つ」

　乳児期は、身体的成長が特に顕著な時期と言えます。4か月頃には首がすわります。その後、寝返りやはいはい、つかまり立ちを経て、1歳頃には二足歩行ができるようになります。またこの時期には、喃語を発したり、音源探索や指さし行動などが見られるようになります。日常の自然な営みの中で行われる言葉のやりとりや動きの体験は、表現の芽（第2章参照）となっていくのです。

　乳児は、日々の生活や遊びの中で見たり聞いたり、触ったり、なめたりしながら身近な環境と関わりを深めていきます。このような乳児の意欲的な行動は、保育者の温かい見守りや身体的な発育に支えられ、少しずつ行動範囲を広げていきます。保育者は、乳児が安心して伸び伸びと動ける環境づくりに努め、乳児の心と体が調和的に働かせられる生活づくりに努めることが肝要です。

（2）社会的発達に関する視点「身近な人と気持ちが通じ合う」

　この時期、親しい人との信頼関係を深めることは、乳児の「情緒の安定」に欠かせません。乳児は、生活の中で周囲の人や物に興味や関心（好奇心）をもち、その感情を声や動きで表します。前述（1）と同様、これは「表現の芽」として大切に育むことが求められます。保育者は、乳児の表情、声や動きを共感的に汲み取り、愛情豊かに関わり、乳児との愛着的な絆を強めていきます。このような気持ちのやりとりが表現力の基盤となるのです。

（3）精神的発達に関する視点「身近なものと関わり感性が育つ」

　「情緒の安定」した生活は、周囲の人や物との関わりを促し、感覚を多様に刺激します。感じたことや考えたことを自分なりに表現することを通して、豊かな感性や表現する力を養っていく基盤を形作っていきます。保育者は、日々

の生活や遊びの中で様々な体験を行えるように環境を整えていくことと、乳児が行う表現を温かく受け止め、適切に応答していくことが求められます。

②. 乳児保育の「表現」のポイント

乳児との生活や遊びの展開はどのようにしたらよいのでしょうか。ここでは、その実際について考えてみましょう。

（1）十分に体を動かす

乳児の運動能力は、月齢によって異なり、その成長は顕著です。その発達に応じて、乳児が今できることを通して、十分に体を動かすことを楽しみましょう。例えば、手指の動きはまだおぼつかないものの、ものをつかんだり、たたいたり、引っ張ったりして、素材に触れて遊ぶことができます。また、周囲にあるものに興味を示し、はいはいやつかまり立ちをして近付こうとします。このように伸びやかに体を動かすように温かく促しましょう。

（2）応答的な触れ合いや言葉がけ

乳児は、体の動きによって身の回りの環境と関わりを深めていきます。周囲にいる保育者の語りかけや歌いかけが、乳児の発声や喃語を誘発し、また乳児のその行為に保育者が温かく応答することによって、さらに声や動きによるやりとりを楽しむことができます。リズミカルなスキンシップも乳児の安心感を支える大切な関わりとなります。

（3）身の回りのものに対する興味や好奇心

乳児は、近くにいる人やものとの関わりの中で、音、形、色、手触りなどに気付き、興味や好奇心を膨らませます。そして、その感覚的な関わりを楽しみます。また、身の回りにあるものや絵本などを通して、様々な色彩や形に触れることも重要な体験となります。これらが原体験となって、表現活動を支える感性の基盤となっていくのです。

（4）歌やリズムに合わせて手足や体を動かして楽しむ

聞こえてくる音楽に合わせて、手足を動かして楽しむことも素敵な活動です。この年齢では、まだ断片的な運動に限られますが、例えば音楽に触発されて身体の重心を上下させたり、手を動かしたりして音楽と関わりをもつことができます。このように、動きを楽しむことは身体的表現の基盤となります。

（5）適切な環境構成

　実際の活動においては、安全に配慮して、適切に環境を整えることが肝要です。音、形、色、大きさなど、子どもの発達状態に応じて適切なものを選び、子どもの興味・関心に即して、遊びを通して感覚の発達が促されるように環境を工夫することが重要です。

　乳児は、表情、発声、体の動きなど、断片的な行為で感情を表現します。保育者は、乳児が表現しようとする意欲を積極的に受け止め、乳児が自らの行為を楽しめるように適切に環境を整えていくことが重要です。

第3節　1歳以上3歳未満児の領域「表現」

1. 1歳以上3歳未満児の「表現」のねらいと内容

　この時期には、歩く、走る、跳ぶなどの基本的な運動機能が徐々に発達します。発声も明瞭になり、語彙も増え、自分の思いや欲求を言葉で表出できるようになります。保育者は、子どもが自分でしようとする気持ちを尊重し、温かく見守り、愛情豊かに応答的な関わりをすることが重要です。

　保育所保育指針と幼保連携型認定こども園教育・保育要領の領域「表現」において、この年齢の「ねらい」を3つ挙げています。まずはこれらのねらい、およびそれに伴い展開される保育の内容についてみていきましょう。

保育所保育指針

第2章　保育の内容
2　1歳以上3歳未満児の保育に関わるねらい及び内容
表現
（ア）ねらい
①身体の諸感覚の経験を豊かにし、様々な感覚を味わう。
②感じたことや考えたことなどを自分なりに表現しようとする。
③生活や遊びの様々な体験を通して、イメージや感性が豊かになる。

（イ）内容
①水、砂、土、紙、粘土など様々な素材に触れて楽しむ。
②音楽、リズムやそれに合わせた体の動きを楽しむ。
③生活の中で様々な音、形、色、手触り、動き、味、香りなどに気付いたり、感じたりして楽しむ。
④歌を歌ったり、簡単な手遊びや全身を使う遊びを楽しんだりする。
⑤保育士等からの話や、生活や遊びの中での出来事を通して、イメージを豊かにする。
⑥生活や遊びの中で、興味のあることや経験したことなどを自分なりに表現する。

（1）身体の諸感覚の経験を豊かにし、様々な感覚を味わう

　この年齢では、二足歩行ができるようになり、行動範囲が広がります。手で触ったりつかんだりなど、その機能も徐々に高まっていきます。また、様々な出会いや触れ合いを通して、音、形、色、手触り、香りなどの違いを感覚的に味わう機会が増えていきます。このように、日々の生活や遊びの中で、体を通した経験を重ね、諸感覚の発達を促していくことが重要です。

（2）感じたことや考えたことなどを自分なりに表現しようとする

　子どもは、身近な環境に関わりながら、様々な人や物、自然の事象などについて感じ取ります。その体験を基にして、それらのイメージを自分なりにつくっていきます。そうしたイメージを蓄積することによって、そのイメージを別のもので見立てたり、大人の行動を後で真似たりすることができるようになります。つまり、子どもは自分の心の中にあるイメージを、自分なりに表現しようとするようになります。こうした体験が表現力や創造性の発達の基礎となるのです。

（3）生活や遊びの様々な体験を通して、イメージや感性が豊かになる

　子どもが環境と関わり様々な感覚を味わう時、保育者の共感的な応答はとても重要です。子どもが感じている感覚やイメージを、保育者も一緒に楽しみ、（保育者自身の）印象や気付きを言葉で添えることによって、子どものイメージはさらに膨らみ、感性も豊かになっていきます。つまり、子どもの感性や表現力は、周りの大人の感性に大きく影響を受けます。その意味から、保育者自身が感性を豊かにもち、共感をもって子どもの気付きを受け止めていくことが大切なのです。

2. 1歳以上3歳未満児の「表現」のポイント

　この年齢において、実際にどのような活動が求められているのでしょうか。ここでは、活動のポイントを挙げてみましょう。

（1）素材に触れて楽しむ

　子どもは、自分の気に入ったものを何度も触ったり動かしたりして楽しみます。この遊びの中で、子どもはその素材の特徴や違いを感覚的に探究しているのです。例えば、身近な環境の中にある、水、砂、土、紙、粘土など様々な素材に触れたり、生活の中で様々な音、形、色、手触り、動き、味、香りなどの違いに気付いたり、感じたりすることを楽しむことも、この時期の活動として貴重な体験となります。

（2）体の動きを楽しむ

　子どもは、音楽が聞こえてくると、その音楽に耳を傾けたり、リズムに合わせて体を動かしたりして楽しむことができます。その動きはたどたどしくて衝動的にみえるかもしれません。また、子どもは歌の断片を口ずさんだり、保育者が行っている簡単な手遊びや全身を使う遊びを、自分なりに真似て楽しむこともできるようになります。この年齢の子どもは、体の動きを通して音楽的参加を果たすのです。このように、この時期の表現活動では、体の動きを十分に楽しむことが重要となります。

（3）自分なりのイメージを表現する

　日々の生活や遊びの中で、保育者のお話を聴いたり、絵本を読んでもらったりして、イメージを豊かにすることは、表現力の基盤を培う上でも大変有意義なことです。子どもは、生活の中で体験したことをきっかけとして、自分の中にイメージや思いをもつようになります。そのイメージを基にして、声、動き、色や線などで自分なりに表現してみようとします。その表現しようとする気持ちを大切に育むことが求められます。

（4）保育者の共感的な関わり

　子どもの活動を支える保育者の適切な関わりはとても重要です。保育者は、子どもが表現しているイメージや気持ちを、積極的に受け止め、その表現に共感して一緒に楽しむ態度が大切です。自発的に行われる“自分なりの表現”は、

意欲的で、喜びにあふれています。表現することで、子ども自身が充足感を味わうことによって、表現はさらに繰り返されることでしょう。保育者は、その姿を温かく見守り、適切な援助を行うことが求められます。子どもは、周囲の大人の温かな関わりを支えとして、自信を得ていきます。

第4節　3歳以上児の領域「表現」

1. 3歳以上児の「表現」のねらい及び内容

　この時期は、運動機能の発達や自我が芽生え、様々なことを自分から進んで行うようになります。話し言葉の基礎ができ、知的興味や関心が高まり、様々なものを通してそれらとの関わり方や遊び方を体得することにより、思考力や認識力も高まります。保育者は、このような子ども一人一人の自我の育ちを支えながら、集団としての高まりを促す支援を行い、子どもの自信や自己肯定感を育んでいきます。

（1）発達的な連続性をもたせる

　3歳以上児の保育における5領域のねらい及び内容は、乳児保育における「健やかに伸び伸びと育つ」「身近な人と気持ちが通じ合う」「身近なものと関わり感性が育つ」という3つの視点や、1歳以上3歳未満児の保育の5領域のねらい及び内容と、発達的な連続性をもたせることが大切です。それらを踏まえて保育者は子どもの表現を敏感に捉え、「豊かな感性を育てる」「表現を楽しむ」「豊かなイメージを育てる」ことに繋げることが大切です。

（2）ねらい及び内容

　3歳以上の幼児にとって、様々な経験を蓄積することにより「表現」は広がっていきます。そこで、「（イ）内容」に示すような様々な活動を通して、保育者は感性を育む出会いをたくさん仕掛けていくことが大切です。

保育所保育指針

第2章　保育の内容
　3　3歳以上児の保育に関するねらい及び内容
　表現

（ア）ねらい

①いろいろなものの美しさなどに対する豊かな感性をもつ。

②感じたことや考えたことを自分なりに表現して楽しむ。

③生活の中でイメージを豊かにし、様々な表現を楽しむ。

（イ）内容

①生活の中で様々な音、形、色、手触り、動きなどに気付いたり、感じたりするなどして楽しむ。

②生活の中で美しいものや心を動かす出来事に触れ、イメージを豊かにする。

③様々な出来事の中で、感動したことを伝え合う楽しさを味わう。

④感じたこと、考えたことなどを音や動きなどで表現したり、自由にかいたり、つくったりなどする。

⑤いろいろな素材に親しみ、工夫して遊ぶ。

⑥音楽に親しみ、歌を歌ったり、簡単なリズム楽器を使ったりなどする楽しさを味わう。

⑦かいたり、つくったりすることを楽しみ、遊びに使ったり、飾ったりなどする。

⑧自分のイメージを動きや言葉などで表現したり、演じて遊んだりするなどの楽しさを味わう。

　なお、2017（平成 29）年告示の保育所保育指針等では、現代的な諸課題を踏まえて内容の見直しが行われ、「（ウ）内容の取扱い」に次の内容（下線部分）が加わりました。

保育所保育指針

第 2 章　保育の内容

3　3 歳以上児の保育に関わるねらい及び内容

表現

（ウ）内容の取扱い

①豊かな感性は、身近な環境と十分に関わる中で美しいもの、優れたもの、心を動かす出来事などに出会い、そこから得た感動を他の子どもや保育士等と共有し、様々に表現することなどを通して養われるようにすること。その際、風の音や雨の音、身近にある草や花の形や色など自然の中にある音、形、色などに気付くようにすること。

②子どもの自己表現は素朴な形で行われることが多いので、保育士等はそのような表現を受容し、子ども自身の表現しようとする意欲を受け止めて、子どもが生活の中で子どもらしい様々な表現を楽しむことができるようにすること。

③生活経験や発達に応じ、自ら様々な表現を楽しみ、表現する意欲を十分に

発揮させることができるように、遊具や用具などを整えたり、様々な素材や表現の仕方に親しんだり、他の子どもの表現に触れられるよう配慮したりし、表現する過程を大切にして自己表現を楽しめるように工夫すること。

（下線は筆者）

2. 3歳以上児と「10の姿」

3歳以上の子どもは、毎日の生活の中で様々な周囲の環境と関わりながら、感じる・考える・イメージを広げる経験を繰り返すことによって、感性、そして表現する力を育み、創造性を豊かにしていきます。そのため、園では日常生活における様々な物事を友達や保育者と共有し、表現し合うことを通して、豊かな感性を育むようにすることが大切です。

これらを踏まえ、「幼児期の終わりまでに育ってほしい姿」（10の姿）を考えていきます。保育の中で無理に「10の姿」を意識することはせず、5領域のバランスのよい保育内容を積み重ねていくことによって、自ずと現れてくるのが「10の姿」であると言えます。

第5節 幼児期の終わりまでに育ってほしい姿と「表現」

「幼児期の終わりまでに育ってほしい姿」は、5歳児後半の評価の手立てともなるものです。保育所、幼稚園、認定こども園の保育者と小学校教員が5歳児修了時の姿を共有することにより、幼児教育と小学校教育との連携・接続の一層の強化を期待していくものです。

「幼児期の終わりまでに育ってほしい姿」については、序章も参考にしてください。

1. 「10の姿」と領域「表現」との繋がり

（1）健康な心と体

全身の感覚を使って「表現」活動を行うことにより、健全な心を育成していきます。例えば、身体を大きく動かし表現することや、手先を動かし脳を活性化させること、また声を発し、聴いた音からイメージを発展させて表現すること

により、健康的な体をつくります。

（2）自立心

外遊びで木の枝などを使って「鳥のおうち」の表現活動を想定してみましょう。どうすればできあがり、自分独自の形状になるかなどの判断能力が養われ、工夫する知恵を身に付けるなど、「表現」活動を通じて達成感を得ていきます。その結果、自立心が育くまれていきます。

（3）協同性

ごっこ遊びなどを通して友達と分担して行う、一つのものを身体や手先を使って共同（協同）で完成させる、一緒に歌遊びや合奏などを行うことなどを通して、友達や保育者とのコミュニケーションが深まり、協調性や思いやりの育ちに繋がります。

（4）道徳性・規範意識の芽生え

自由に表現し遊んだりしている中で、次第に子どもたちはルールをつくり、それが「表現」へと発展していきます。ごっこ遊びなどは、何度も繰り返すうちに独自のルールができ、友達の考えや行動に合わせて自分を調整することができるようになるなど、道徳性・規範意識の芽生えに繋がります。

（5）社会生活との関わり

小学校や高齢者施設などで、幼児が一緒に身体や手先を使って表現することや、地域の祭りやイベントなどで幼児が歌や合奏を披露するなど、「表現」を通して地域社会との繋がりをもつ園が増えています。

（6）思考力の芽生え

「表現」活動を通して、自分と異なる考え方があることに気付き、それを真似したり、新しい「表現」を考えたりしながら、自分で工夫する知恵や力を付けていきます。

（7）自然との関わり・生命尊重

自然における豊かな活動は、自立心を育てることにも関係しています。季節の移ろいを感じて歌で表現したり、木や葉、木の実など身近な自然素材や造形材料として用いることで、生命への関心を高め

木に触れる子供たち

ていきます。

（8）数量や図形、標識や文字などへの関心・感覚

　手遊びなどは数や形をイメージでき、さらに歌や合奏による「表現」は音数などをイメージできます。絵や工作による表現の場合でも、虫の足の本数や木の枝の分かれ方など様々なことを注意深く観察することにより、次第に数量や形・図への興味をひくことができます。

（9）言葉による伝え合い

　自分の作品を言葉で説明することや、歌遊びによって豊かな言葉や「表現」を身に付けるなど、言葉は自分の気持ちを伝えるきっかけをつくります。そして、言葉を通じてコミュニケーション力を高めていきます。

（10）豊かな感性と表現

　豊かな感性と表現は、「表現」にとって最も重要な資質・能力です。生活の中で起る全ての出来事、例えば風に舞っている葉っぱに心を動かされることや、ザリガニの大きなハサミにワクワクしたりなどすることによって感性が育まれ、それをもとに自分の思いを表現するために、身体や感情を使って表します。そうした繰り返しが、豊かな感性へと繋がります。

2. 「10の姿」を通した円滑な幼小連携

　「10の姿」はすべてを達成しなければならないという目標ではありません。子どもの育ちの方向性を示すものです。したがって、10の姿を達成するために特別なことをするということでもありません。今まで行ってきた教育・保育活動を振り返り、保育内容を通して「10の姿」のどれに関連しているかということを考えながら、無理なく活動することが大切です。そうすることにより、幼小連携を円滑にし、表現活動を通して様々な資質や能力を育むことへと繋がります。

3.「10の姿」を育む領域「表現」の実践例

（1）「木育」による造形活動

　様々な表現活動が行われていますが、「10の姿」を実際の活動ではどのように考えていけばいいでしょうか。近年、地域的な特色だけにとどまらず保育者に注目されてきている「表現」の一活動である「木育」（木に親しみ、木の文化への理解を深め、木の良さや利用の意義を学ぶことにより、豊かな感性を育む活動）のエピソードを取り上げながら、「10の姿」について考えていきます。

 エピソード(2)　「木ぃホルダー」作り（5歳児クラス／4月）

輪切りの枝を磨く様子

　直径3cm程度の木の枝を輪切りにし、紙やすりでツルツルになるまで磨いて、手触りや香り、年輪の模様を感じながら木のキーホルダー作りを楽しみました。まずは、保育者がしっかりと補助しながら鋸で切ることから始めました。初めての鋸に子どもたちはドキドキしながら作業を行っていましたが、子ども同士で木を切るコツを教えている姿が見られ、また紙やすりで磨く工程では、香りや手触りをお互いに確認する姿も見られました。

 エピソード(3)　「くすのきブレスレット」を作ろう（5歳児クラス／9月）

　くすのきの独特の香りや手触りに驚きながら、くすのきブレスレットを作りました。作業に入る前には実際のくすのきを見て、木が生きていることを学びました。作る工程では、紐通しなどを学びながら、実際にブレスレットを身に付けることにより、「自分のもの」という愛着がわき、作品を大切にする様子も見られました。

　このような活動後は、木に対する新たなイメージもわき、外遊びやお散歩などの時間で周囲の木や葉っぱなどを意識するようになります。

　どちらの活動も木屑によるアレルギーなどがありますので、マスクをつけ

るなどの十分な配慮が必要です。

（2）造形活動と「10の姿」

　木育による造形活動では、「豊かな感性と表現」「自然との関わり・生命尊重」「言葉による伝え合い」「協同性」「思考力の芽生え」「自立心」などの姿が見られます。「豊かな感性と表現」では、香りや手触り、色、形の面白さなどを通して五感を育む姿が見られます。「自然との関わり・生命尊重」では、木が生きていることを意識し、外遊びでも木や自然に関する興味が出てきます。また、鋸を使う時など木が動かないようにお互いに押さえ合うなどの「協同性」、香りや手触りをお互いに確認したり、切るコツを教えるなどの「言葉による伝え合い」、木片を組み合わせる工夫をして新たな形を模索する「思考力の芽生え」、工夫して作ることにより自分のものを意識する「自立心」などが見られます。

 　演習課題

①まとめの演習課題

１．乳児の表現活動を展開しようとする時の３つの視点を整理してみましょう。また、乳児の表現活動の具体的なアイデア（ねらいや方法）を提案してみましょう。

２．３歳以上児の身近な素材・材料による造形活動を提案し、その提案した活動により「幼児期の終わりまでに育ってほしい姿」のどのような点が育つのかについて、具体的に話し合ってみましょう。

②発展的な演習課題

１．１歳児から３歳児を対象とした音・音楽遊びの事例を調べてみましょう。そして、年齢に即した音・音楽遊びを実践してみましょう。

２．絵の具を使った活動、段ボールを使った活動、粘土を使った活動など、具体的な活動事例を取り上げて、グループで手分けして調査し、感性を育む領域「表現」の教材集としてまとめてみましょう。

【参考文献】

厚生労働省『保育所保育指針解説』フレーベル館　2018 年

内閣府・文部科学省・厚生労働省『幼保連携型認定こども園教育・保育要領解説』フレーベル館　2018 年

文部科学省「幼児教育部会における審議の取りまとめ」2016 年

https://www.mext.go.jp/b_menu/shingi/chukyo/chukyo3/057/sonota/1377007.htm

神原雅之監『こころとからだを育む1～5歳のたのしいリトミック（CD付き）』ナツメ
　社　2019年

西川栄明『木育の本―木とふれあい、木に学び、木と生きる。―』北海道新聞社　2008
　年

細田淳子編『手あそび・体あそび・わらべうたがいっぱい　あそびうた大全集200』永
　岡書店　2013年

無藤隆『幼児期の終わりまでに育ってほしい10の姿』東洋館出版社　2018年

山野てるひ・岡林典子・鷹木朗編『感性をひらいて保育力アップ！　「表現」エクササイ
　ズ＆なるほど基礎知識』明治図書出版　2013年

協力園：
　学校法人京都女子学園　京都幼稚園
　横須賀市立田浦保育園

第**7**章　領域「表現」と教科教育との繋がりを考える

●はじめのQ

　乳幼児期の子どもたちの表現活動は、小学校教育でどのように広がり、深まるのでしょう。自身の小学校時代の「図画工作」や「音楽」の授業を振り返り、幼児期との繋がりを考えてみましょう。エピソードを読んで、あなたの通っていた園ではどのような表現活動があったか思い出してみましょう（考える時間の目安：3分）。

 エピソード（1）　「幼稚園でやったことあるよ！」と喜ぶアイカちゃん（1年生／4月）

　小学校の図工の授業で、砂や土の感触を味わいながら、造形的な活動を思い付いて表現する造形遊びをしたアイカちゃん。幼稚園での遊びを思い出し、夢中になって活動しました。

●本章の学びのめあて

　幼稚園・保育所・幼保連携型認定こども園における遊びと、小学校における学びには、実に様々な関連性があります。乳幼児期の表現活動と関わりが深い小学校の「図画工作」や「音楽」における学習を理解し、体験の連続性から育まれる保育活動における「資質・能力」（序章参照）について考えてみましょう。

第1節　乳幼児から小学生の育ちを
踏まえた表現の捉え方

　幼稚園・保育所・認定こども園と小学校という校種等の違いにかかわらず、子どもの発達や「学び」は連続性をもっています。小学校へ入学した子どもが、園での遊びや生活を通した学びと育ちを基礎として、主体的に自己を発揮し、新しい学校生活をつくり出していくために、保育者と小学校教師は工夫・連携していくことが求められます。

　この工夫の方向性を具体的に示すため、保育所保育指針、幼稚園教育要領、及び幼保連携型認定こども園教育・保育要領では、幼児期の終わりまでに育ってほしい姿（10の姿）が提示されています。この「姿」を「バトン」として、保育園・幼稚園と小学校の双方が互いの本質的な違いを踏まえつつ、活動を受け継いでいくことが期待されます。2017（平成29）年告示の小学校学習指導要領において示された「生活科を中心とした『スタートカリキュラム』の充実」は、幼児期の終わりまでに育ってほしい姿（10の姿）との関連を意味しています。10の姿にある「豊かな感性と表現」は幼児教育における「表現」から図画工作科や音楽科へ繋がりをもっており、「子どもが主体となる」授業が展開されることが期待されています。園・学校での子どもの経験が、「遊びを通した学び」から「教科を通した学び」へとなめらかに転換されていくことが理想です。

　具体的な接続・連携を構想していくものとして、カリキュラムと評価が挙げられます。保育者と小学校教師は、まず、園と学校で異なるカリキュラム観や評価観の違いを認識することから始め、本質的には同じく子どもを育もうとする両者のカリキュラム・評価について、双方が理解を深め、よりよい接続・連携を目指すことが大切です。

　小学校の図画工作科は大きく、「A表現（造形遊び・絵・立体・工作）」と「B鑑賞」という2つの領域に分かれています。この「A表現」と「B鑑賞」は、後述する「音楽科」の領域と同じ構成になっています。小学校に進学したからといって、何かを一方的に教え込まれるわけではありません。子どもの発達と学びには連続性があり、「遊びを中心として構成されている学び」（幼児教育）は、「教科を中心とした学び」（小学校教育）に円滑に接続されていきます。子どもの姿の実態から「題材」を構想し、一人一人の思いや考えの実現のための「手立て」を考えていくというのは、保育活動の構想と共通した捉え方です。

1. 子どもに「今」必要な造形表現の「資質・能力」と題材

　小学校の授業は、学習者である子どもと指導者である教師の間に生まれます。それは毎回、題材[*1]や、単位（1単位時間：小学校は45分）という形で行われ、子どもたちはその題材を通して学びを深めていきます。図画工作を例として題材がどのように決定されていくのか例を挙げてみます。

＊1
学習の目標や内容、内容の取扱いなどの1つのまとまりを「題材」といいます。他の教科では「単元」とも呼んでいます。保育のねらいや内容を含んだひとまとまりの活動に相当します。

・これまでに経験している題材	・扱ったことのある材料や用具
・子どもに必要な経験	・得意なこと
・子どもが興味のあること	・苦手なこと
・子ども同士の繋がり	・今子どもが熱中していること
・子どもの思考や表現の癖	・教師との関係性
・うまくいった方法、うまくいかなかった方法、またその理由	・発達段階をふまえた子どもたちの様子
	など

　まず、子どもの実態を振り返り、「いま子ども一人一人に必要な資質や能力は何か」を見定め、その資質や能力が育つのはどの領域（造形遊び、絵、立体、工作、鑑賞）かを考えます。その中から題材を選択し、構想していくのです。それぞれの領域は、さらにいくつかの取り組み方に分かれています。例えば、描画（絵画）活動の場合は次のように様々な視点があります。

①材料や用具に触れながら思い付いたことを表す
②日常生活で書きためたことから表す
③生活経験から表す
④想像したことから表す
⑤物語や詩、短歌などの言葉から感じたこと、想像したことから表す
⑥版に表す

　乳幼児期の豊かな生活経験は、小学校における日々の生活や空想の世界を楽しむための表現活動の基盤になっていることがわかります。保育のねらいや内容を検討する上で意識したいところです。

☞ **深めるワンポイント**　　造形活動ではどのような「資質・能力」の育成を考えるの？

　「こんな絵が描けるようにしたい」「友人と仲良く活動できるようにしたい」といった漠然とした目標は、造形教育として適切な資質や能力とは言えません。造形教育として育むべき「資質・能力」は、下記のように、形や色に親しみ、表したいことを考えたり工夫したり、表現の楽しさや

面白さを感じ取る力と捉えることができます。

- 「色水をつくったり並べたりして、様々な色や形に気付く力を育みたい」 （知識）
- 「紙の重ね方や切り方、飾り方を工夫する力を育みたい」 （技能）
- 「自分のイメージをもち、写した形や色の面白さから表したいことを考える力を育みたい」 （思考力・判断力・表現力等）
- 「友人と作品を見せ合い、互いの作品の楽しさや面白さを感じる力を育みたい」 （思考力・判断力・表現力等）
- 「楽しく描きたいものを好きな形や色で表そうとする力を育みたい」 （学びに向かう力・人間性等）

2. どの子も力が育つための「手立て」を考える

　子どもの姿を踏まえた「資質・能力」は、その育成に合った題材を構想する際に、一人一人に合った「手立て」として考えることが重要です。

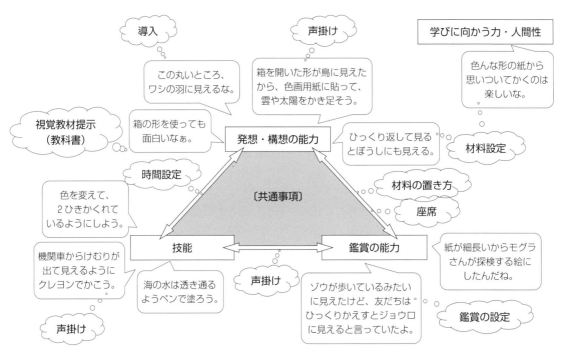

図7-1　資質・能力を伸ばすための構想

図の中央にある〔共通事項〕とは、A表現やB鑑賞の活動の中で共通に働いている資質や能力（ア：自分の感覚や活動を通して形や色などをとらえること、イ：自分のイメージをもつこと）を指しています。
後述の音楽科でも同様の捉え方をしています。

「いいこと考えた！」（発想や構想の能力）、「こうやって工夫してつくろう！」（技能）、「この色きれいだなあ！」（鑑賞の能力）、「楽しい活動だなあ」（学びに向かう力・人間性）と感じる子どもの具体的な姿を思い描きます。これは、保育の指導計画における「予想される子どもの活動」に該当します。その姿が見られるための手立て（時間設定、導入時の言葉かけ、展開時の配慮、座席など）を十分に検討していきます（図7−1）。

図7−1を見て分かる通り、「資質・能力」を繋ぐための手立てもあります。例えば「友人の表現を見て、自分の表現に生かそうとするように、座席を向い合わせにしよう」などが挙げられます。どの手立ても、「教師がつくらせたいように子どもにつくらせよう」という手立てではなく、子どもの造形的な資質や能力を育むために、手立てを構想していく点を大切にします。

第2節　乳児保育の視点と「表現」

第1節のようにして考えられた題材を通して、子どもたちはどのように育つのでしょう。小学校1年生の2つの実践から、10の姿とどのように繋がっているのかをみてみましょう。

1. 表したいことは「自分で」見付ける　―絵「どうぶつさんとなかよし」―

本題材は、自分の好きな動物を思い浮かべ、一緒に遊びたいことや過ごしたいことを考えて絵に表す題材です。題材が始まると、どの子もお話にあふれ、どんどん思い付きながら表現していきます。子どもたちはどのようなことを表したかったのかを、次の2つの作品からみてみましょう。

まず1つめ。春の野原で、キリンさんとわらいながら楽しく「ブランコ」をして遊んでいる様子をのびのびと表しています。「太陽が描かれ、上に空、下に地面」という構図は、この時期の子どもにとって安心できる構図ともいわれています。

導入時に「どんな動物さんと、どんなことをして遊んでみたい？」と子どもたちに問いかけ、個々にそのイメージがもてるようにしていきます。子どもの発言を中心に導入し、どの子も表したいこと

きりんさんとぶらんこ

や表し方を考えられるように支えます。

　次に2つめ。大好きなライオンと野原を走って遊んでいる様子を描いています。描きながらどんどん自分の中にお話が広がり、思い付きながら表している様子が伺えます。また、ていねいにパスを使って塗り込んでいる様子から、ライオンさんが大好きな気持ちや、楽しく遊びたい気持ちが伝わってきます。

　「先生！　このライオンは親子でね、これはお兄ちゃん、これはお父さんなんだよ！弟のライオンとなかよしで、今ぼくの大好きなかけっこをして遊んでいるところなんだ」。

　机間指導をしていると、子どもたちが自分の表したいことについて、どんどん語ってくれます。その語りを大切にしながら、自分が表したいことを自分なりの表し方で表現することの喜びや楽しさを味わえるように支えます。

ライオンとあそんでいるところ

2. 子どもたちの豊かさを支える「題材理解」と「教師の手立て」
―造形遊び「つないで　つないで」―

　低学年では、身近にある様々な材料を並べたり積んだり、見立てたりして表現していきます。そこには、身近な材料の形や色から見付けたことや感じたことをもとに、「いいこと思い付いた！」とつくり、つくりかえていく姿があります。

紙コップの上にエコキャップを置き、どんどんつなげて並べています

　思い付いたことをすぐに表現し、そこからまた新しいことを思い付く姿、一人で表現に没頭する姿や、友人と協同して表現する姿が見られるためには、どのように題材を理解し、手立てを考えればよいのでしょうか。

第3章の幼児の事例と比較してみましょう。

　この題材は、室内であればカラーペンや紙コップ、トレーなどの材料を、校舎の外であれば、落ち葉や石、枝といった様々な材料を並べていく活動で、小学校図画工作科では「造形遊び」と呼ばれています。時間をかけて1つの表現に迫っていくのではなく、並べながら、また友人の表現に触れながら、新しい並べ方を思い付き、どんどん並べ方を工夫していきます。そのために、

表7－1　手立ての構想のポイント

活動場所	子どもたち一人一人が、思い付いたことを全身で表現することができるよう、広い場所を確保する。	
時間	つくり、つくりかえ、またつくることができるよう、全部で2時間の設定にする。	
材料・用具	カラーペンや紙コップ、ストローなど、身近で並べやすい材料を用意する。	
置き方・量	並べ方の発想が広がるよう、活動に使えそうな材料をあえて数か所に分けて配置し、材料を取りに来る際に自然に鑑賞が生まれるようにする。材料の量についても、少なすぎて活動が停滞することや、多すぎて新たな発想が生まれないということがないよう、予備の材料を確保しつつ、提供するかどうかを活動の様子から判断する。	
声かけ	「ドアのところまで繋げよう」「並べ方を変えてみよう」といった「行為」に目を向け、表現できるように、保育者や教員は「何をつくっているの？」(what) ではなく、「ここからどうなっていくの？」(how) の形で聞く。	
活動人数	基本は一人とし、自然にグループを組んだり解消したりしてもよいこととする。	

教師は次のように子どもたちに合った手立てを構想していきます。

　「造形遊び」は、最終的な作品として形を残さないことがあります。こうした活動では活動の記録や鑑賞活動と関連させた振り返りにより、子どもの新たな探求の刺激に繋がることがあります。

第3節　造形表現における保幼小の　接続・連携を目指した保育計画

　小学校では造形における「資質・能力」の育成のために、題材が設定され、実践が展開していきます。工作の題材で扱えるようになったカッターナイフ

を、絵の題材で使おうと構想したり、立体の題材で学んだ土粘土の操作を、造形遊びで生かしたりと、それぞれの領域も関わり合い、学びが深まっていきます。第3節では、幼児期の終わりまでに育ってほしい姿（10の姿）の「豊かな感性と表現」との接点を捉えながら、図画工作科に繋がる活動をみてみましょう。

1. 夢中になって関わることを通して感性が育まれる　ーつちねんどとなかよしー

活動に十分な広さが確保できるところに、土粘土をドンと置いてみます。子どもたちは、手だけでなく体全体で関わり始めます。ちぎったり、丸めたり、広げたり、伸ばしたり……。そのうち、友人と一緒に並べ始めたり、つくったものの形を変えたりする姿が見られます。積む・並べる・混ぜる・こねることに夢中になって、体全体で何度もつくり、つくりかえ、またつくっていく活動を通して、自ら考え、自ら決定し、自ら工夫する造形的な「資質・能力」が育っていきます。

2. 主体的で対話的な「遊び」で、自律的に遊べる子が育つ　ーここにえがいてみたらー

普段の活動で扱いに慣れているクレヨン・水性ペン・絵の具を使って、いつもとは違う材料に絵を描いてみます。画用紙ではなく、様々な材料（片面をはがした段ボール、プチプチの緩衝材、トレーの平たい部分、使わなくなった布など）を用意してみると、どのような気付きが生まれるでしょうか。

これらの気付きは「次に、この材料に描いたらどうなるかな？」という期待感になり主体的な遊びへ繋がっていきます。また、一人一人が主体的に遊ぶことで、自然に友人の活動の面白さや楽しさを感じ取る姿となり、自律的な遊び（学び）へと発展することが期待されます。

「この段ボール、でこぼこしているよ」
「本当だ、ぼくも面白い絵が描けたよ」
「今度はプチプチに描いてみよう！」
「プチプチ一つ一つ、色を変えてみようかな」

第4節　音楽表現における保幼小の
　　　　接続・連携の考え方

　小学校音楽科は大きく「A表現（歌唱・器楽・音楽づくり）」と「B鑑賞」の2つの領域に分かれています。教師には、小学校入学前からの子どもの発達と学びの連続性を踏まえて授業をすることが求められます。ここでは、小学校の音楽科の内容、及び保幼小連携の取り組みにおける音楽活動の実際について、事例から学びます。

1. 子どもの音楽経験を踏まえた保育・教育活動

　大人である私たちと同じように、子どもは毎日の生活の中で、様々な音楽の経験をしています。その内容には、次のようなものがあります。

- ・テレビやインターネット等を通じた音楽の視聴
- ・幼稚園等で歌う・楽器を鳴らす経験
- ・マザリーズ（養育者による乳児への高声域を用いた発話）
- ・身近なものから出る音を聴いたり、試したりする経験
- ・つくりうた（乳幼児が自分でメロディーをつくって歌う）
- ・音楽教室での学習経験

　子どもによって、音楽経験の内容は様々です。小学校では、そうした彼らの生活経験や音楽の経験を踏まえ、授業を構成していきます。つまり、子どもの楽器の演奏能力や他教科を含む学力、子ども達の音・音楽への興味・関心を踏まえ、授業を構成するのです。その際には、小学校の全教科で育む「資質・能力」の観点を踏まえ、具体的な活動を構想していきます。

2. 音楽の授業で育むもの

　小学校の全教科で育む「資質・能力」は、「知識・技能」「思考力・表現力・判断力等」「学びに向かう力、人間性等」の3つです。これらを育むために、音楽科の「A表現」と「B鑑賞」の2領域は、表7−2のような分野・内容で構成されています。

表7-2　音楽科の題材例

A表現			B鑑賞
歌唱	楽器	音楽づくり	
・フレーズのまとまりを意識して歌おう ・声の音色の違いを活かして歌おう ・音の重なりを工夫して合唱しよう	・音色の響きを工夫して表現しよう ・強弱や速度を意識して合奏しよう ・我が国・世界の楽器を演奏してみよう	・様々な音階を用いて旋律をつくろう ・身の回りのモノや楽器で音楽を作ろう ・リズムの反復を活かして音楽を作ろう	・速さの変化を味わおう ・身の回りの音を聴いてみよう ・音楽の縦と横の関係を感じ取ろう

3.〔共通事項〕を用いて学ぶ

　こうした活動の中で小学校の児童は音楽の学習を進めていくのですが、形のない、その場で立ち消えてしまう「音」を学習の対象にするということは、他教科とは異なる難しさがあります。そこで音楽科では〔共通事項〕を学習の手がかりとします。〔共通事項〕における「音楽を形づくっている要素」を学習内容として設定した場合、表7-3のような学習活動が想定されます。

　想定される学習内容の例を見ると、各学習内容は、保育における音楽的な表現の場面でも見られるものだということが分かります。保育と小学校音楽科は、活動自体双方に接続・連携させることが可能なのです。

表7-3　〔共通事項〕と想定される学習内容

〔共通事項〕における音楽を形づくっている要素	想定される学習内容の例
ア　音楽を特徴付けている要素 　・音色 　・リズム 　・速度 　・旋律 　・強弱 　・音の重なり 　・和音の響き 　・音階 　・調 　・拍 　・フレーズ イ　音楽の仕組み 　・反復 　・呼びかけとこたえ 　・変化 　・音楽の縦と横との関係	・身の回りの音を探したり、声や楽器の音色を聴いたりする ・様々なリズム・パターンをつくったり、演奏したりする ・曲全体の速度や、曲の中での速度の変化の意味を考える ・旋律の動き（上・下行、山・谷型など）への着目 ・音や楽曲の中での強弱変化への着目 ・複数の旋律やリズムが、同時に鳴ることで生まれる響き ・長・短調や、機能和声 ・様々な音階を用いた旋律づくり ・長・短調の仕組みや、調性にとらわれない音楽づくり ・「拍のある・ない音楽」の違いに着目した鑑賞・音楽づくり ・歌詞の区切りや、数個の音の集まりによるまとまりを探す ・リズムや旋律、楽曲形式における反復を生かす音楽づくり ・ある呼びかけに対し模倣や変化で応える楽曲の鑑賞 ・リズムや旋律などの反復に対する変化を生かす音楽づくり ・同じ旋律のずれや、重なりへの着目

第5節 音楽表現における保幼小の接続・連携の実践事例から学ぶ

1. 取り組みの内容と背景

保幼小接続・連携の主な内容としては、①子ども同士の交流、②保育者と小学校教師の交流、③園と小学校間の人事交流、④連携カリキュラムの開発などが挙げられます。

千葉県のある公立幼稚園は、地域の保育園1園・小学校2校・中学校1校との幼保小中連携の取り組みを行なっています。ここでは、2020（令和2）年2月上旬に、園児が小学校へ訪問し行われた授業体験の様子から、園児がどのような学びを得ているのかをみてみましょう。

2. 授業体験における学び

園児（年長組）と小学校5年生の児童は7人程度のグループを組み、教室の各場所で活動をしています。活動内容は、事前に計画した内容に基づき、園児の興味・関心の推移に合わせて内容をその場で展開する形で行われています。活動の途中から、2つのグループが音楽表現による活動を行っていました。

✎ エピソード (2) ロンドン橋で遊ぶ

グループではそれまでひらがなを書く活動をしていましたが、5年生のジュンくんが、「ロンドン橋」をしようと提案しました。小学生のジュンくんとタケルくんは橋をつくり、チエさん、トモミさんとともにロンドン橋の歌を歌います。園児と児童は共に橋の下をくぐり、夢中になって遊びました。園児が児童の背中に手をかける様子も見られました。

エピソード (3)　リズムの反復を生かして遊ぶ

　園児のハルさんが机の上のカゴに入っているすずに興味を示し、手にとって音を試しはじめました。それを見たアキラくんが、「すずで音楽しよう」と呼びかけました。メンバー全員は、すずを取り、児童がリズムパターンを演奏し、園児がそれと同じリズムパターンを演奏するという応答的な演奏が行われました。

　数回パターンのやりとりをした後、小学校の先生から「もっと長いの（リズム）やってみたら？」との提案があり、長いリズムパターンでやったところ、園児は同じリズムを反復することができました。

　やりとりされたリズムの反復は、次のようなものです。

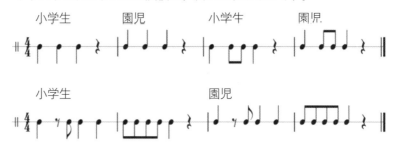

　この場面で、すずで音楽活動することを提案したアキラくんにその意図を聞いたところ、「リズム感がつくと、歌とかも歌いやすくなるし、自分も幼稚園の時やったことがあるから」と教えてくれました。アキラくんをはじめこのグループの小学生たちは、園での活動が小学校での生活へ繋がるという見通しをもっているようです。

　保幼小接続・連携には、子どもへの教育的な意味はもちろん、交流する保育者・教師双方にとっての気付きもあります。例えば、カリキュラム観や、評価観、学習観に対し、深い省察を求められます[1]。

　保育者と小学校教師との交流は、時間をかけて行うことが必要です。同地区の接続・連携の取り組みは、1回で終わるものではなく、継続的なものです。このことによって、子ども同士・教員同士の繋がりが生まれ、双方が安心感をもって活動に参加でき、接続・連携の意味が深まっていきます。

第6節　音楽表現における保幼小の接続・連携を目指した保育計画

1. 活動アイデアを探す

　実際に保幼小の接続・連携をするに当たっては、双方の教員間で、普段どのような教育を行っているかを知ることから始めます。そして、園・学校それぞれの活動アイデアを構想したり、時には共同で実践したりします。ここでは、小学校音楽科の授業に繋がる保育の活動アイデアを取り上げます。

表7-4　小学校音楽科の授業に繋がる活動アイデア

ねらい：身近なモノから出すことができる音の魅力に気付くことができる。		
環境	予想される子どもの活動	保育者の援助
・部屋に様々なモノ（紙や園庭で拾って来た素材など）を集める。 ・集めたモノで、どんな音を出せるか探す。 ・探した音を使って、先生が出す短めのリズムパターンを反復する音楽づくりをする。	・自分や友達が集めてきたモノに対して、関心を寄せる。 ・様々なモノに興味をもつとともに、関心が特定の音に集中する。 ・うまく合わせられる子と難しい子がいる。	・安全性への配慮。集まったモノに関心を寄せる。 ・多様な音に気付けるよう促す。 ・パターンを変えて、子どもの能力に合わせる。

2. 保幼小接続・連携を意識した評価のあり方

　評価のあり方を接続・連携させることも大切なテーマです。保育における評価は、「幼児の発達の理解と教師の指導の改善という両面から行う」[2] ものです。一方、小学校教育における評価は、「各教科等の目標の実現に向けた学習状況を把握する観点から、（中略）学習の過程や成果を評価し、指導の改善や学習意欲の向上を図り、資質・能力の育成に生かすようにする」[3] ものです。そして、「学年や学校段階を越えて児童の学習の成果が円滑に接続されるように工夫すること」[4] が求められます。

　園と学校を繋ぐ評価の観点として、技能が挙げられます。技能は、音楽表現のために必要な1つの要素です。ただし、小学校音楽科の最終的な目標は技能を伸ばすことではなく、そのことを通してより「音楽を愛好する心情を育む」ことにあります。これを踏まえて保幼小連携・接続を考えると、保育の表現活動に求められているのは、鍵盤ハーモニカや斉唱などをむやみに早期から取り入れることでないのは明白です。

3. 保育者にできること

　表現における保幼小接続・連携のポイントは、保育者にとっては、「遊びから生まれる学び」が展開される様子を見出し、「幼稚園での幼児の生活に根ざした学び」をつくり出していくことです。音楽的な表現でいえば、子どもがものや楽器、あるいは身体との関わりを通して、奏でられる音や音楽に興味を抱き、表現の可能性を探求しているとき、そこには反復やリズムといった「音楽を形づくっている要素」が存在します。その要素を意識しながら、音に対して音楽的なアプローチをしている姿に、私達は音楽的な学びを見出すことができるでしょう。その学びは、小学校音楽科に接続されていきます。

　保育者には、子どもの音楽表現にどのような音楽的な学びがあるかを視るまなざしが大切です。そうした視点のもと、実際の保幼小接続・連携の取り組みを経験することで、より実践力をもつ保育者として成長できるでしょう。

 ・・・・・・・・・・・・・・・・・・・・・ 演習課題

①まとめの演習課題

　小学校学習指導要領の内容を踏まえ、保幼小接続・連携を見通した年長クラスの表現を中心とした指導計画（部分案）を考えてみましょう。

②発展的な演習課題

　ボランティアや一日実習で訪れた園や、自分が住む地域の園・学校がどのような接続・連携の取り組みをしているか調べてみましょう。また、そこに、表現に関連した取り組みがどのように取り入れられているか、調べてみましょう。

【引用文献】
1）酒井朗・横井紘子『保幼小連携の原理と実践―移行期の子どもへの支援―』ミネルヴァ書房　2011年　pp.111-112
2）文部科学省「幼稚園教育要領解説」2018年　p.97
3）文部科学省「小学校学習指導要領（平成29年告示）解説　総則編」2017年　p.93
4）同上書　p.94

【参考文献】
真鍋一男・宮脇理監修『造形教育辞典』建帛社　1991年
文部科学省『幼児理解に基づいた評価』チャイルド本社　2019年
R. M. シェーファー・今田匡彦『音さがしの本』春秋社　2009年
駒久美子『幼児の集団的・創造的音楽活動に関する研究―応答性に着目した即興の展開―』ふくろう出版　2013年

第8章 「表現」を育む環境構成

●はじめのQ

　次のエピソードを読んで、このような子どもの姿をどのように捉えたらよいと思いますか？　保育者としてどのような関わりをしたらよいか考えてみましょう（考える時間の目安：3分）。

エピソード（1）　泥の中で寝そべって遊ぶミキちゃん（4歳児／7月）

　この園には意識的に特別な遊具を置いていません。でも子どもたちは土山のある園庭で木の枝や木片、水を使って全身で遊んでいました。なかでもミキちゃんは泥水が溜まった土の中に寝そべってずっと心地よさそうにしています。

●本章の学びのめあて

　子どもは身近なものや出来事を通して、五感（視覚、聴覚、触覚、味覚、嗅覚）や身体全体を使いながら、興味・関心をもち、内面に抱くイメージを表現します。そこで大切な要素となるのが保育環境です。保育環境には、「時間的環境」「人的環境」「物的環境」の3つの要素が考えられます。この章では、乳幼児期の豊かな感性を育む表現活動を主に造形や音楽の側面から捉え、適切な環境とはどのようなものであるか考えていきましょう。

第1節　環境構成と表現活動

　保育環境を考える時、ものとしての「物的環境」のみを考えがちですが、一人一人の個性に合わせたゆとりと流れがある「時間的環境」、保育者や友達の声や表情といった要素も含む「人的環境」、そして様々な表現活動が自主的に展開できる素材や量が準備されている「物的環境」が主な要素として考えられます。またその他に園庭など生き物に触れることができる「自然」、視覚や聴覚への働きをする「情報」、それぞれの環境を繋げる「空間」や「動線」、健康で快適な環境に配慮した「温度湿度、空気の流れ」といった内容も含め表現活動に繋がる環境構成に配慮する必要があります。

　子どもの自発的な活動を促すには、発達や安全面に配慮した環境構成が必要です。「環境を通して行う保育」は、保育所保育において、養護と教育が一体となった保育、幼稚園においては幼稚園教育の基本となっていることから、乳幼児期の保育の基本的な捉え方です。

　環境とは、子どもを取り巻く空間であり主体的な活動を促すため、計画的に整えられる環境構成を意味します。2017（平成29）年に告示された保育所保育指針では、「第2章　保育の内容」で示されている「3　3歳以上児の保育に関するねらい及び内容」において、「表現」の内容を「生活の中で様々な音、色、形、手触り、動きなどに気付いたり、感じたりするなどして楽しむ」と示しています。そして、内容の取扱いについては、「豊かな感性は、身近な環境と十分に関わる中で美しいもの、優れたもの、心を動かす出来事などに出会い、そこから得た感動を他の子どもや保育士等と共有し、様々に表現することなどを通して養われるようにすること。その際、風の音や雨の音、身近にある草や花の形や色など自然の中にある音、形、色などに気付くようにすること」としています。すなわち、乳幼児が生活の中にある身近なものや出来事と関わり、気付くことができるように環境を整えることが、保育者の重要な役割となります。

　園生活で子どもたちが1日の多くを過ごす空間は保育室です。保育室では子どもの健康と安全が担保されることを基本にしながら、乳児であれば保健衛生や安全の確保が特に必要です。幼児においては、自分から興味を持って主体的に関わり、遊びが豊かに展開するような工夫がなされています。

　保育室の環境構成は、子ども一人一人の経験や育ちを踏まえ、活動の目的や内容によって、適切な援助や応答性のあるものとなるように、保育計画において十分な検討を要します。

1. 造形表現の感性を育む様々な環境構成

（１）乳幼児期の造形環境

　乳児期の造形活動を考える時、その後の発達の基礎になる感覚を豊かにする環境構成が重要です。五感を使い、身の周りのものに触れたり口に入れたりして関わり、これらの遊びを造形活動に繋げていきます。誤飲や怪我にも留意しながら、思いっきり活動できることが情緒を安定させ自立心を芽生えさせます。その様な内容を理解して保育者が乳児のために目で追ったり、触ったりできる簡単な遊べる手作り玩具を製作することも考えられます。また、乳児に対しては何かを作らせるといったことではなく、自由に紙を破いたり、ものに触れたりできる環境をつくることで、身近にある材料の素材感を認識することになり造形活動へ繋がります。

　乳児の場合、仰向けやはいはいができるように、部屋の一部に畳などクッション性のよいものを用いる配慮が必要です。やがて歩行が可能になり好奇心旺盛になってくると様々なものに触れ安全に歩き回ることのできる環境構成を考慮します。体力がついてくると年齢に合わせてマットや跳び箱、輪くぐりといった運動や音楽に合わせて身体を動かす遊戯室などでの活動も必要になります。例えば、机や椅子の後片付けや物を運ぶ日常の作業も身体を育むことに繋がります。また、新聞紙を使ったダイナミックな造形遊びも身体を育む活動になります。

畳やマットがある乳児の部屋

新聞紙遊びの様子

　その他、造形的な活動の展開という視点からは、壁や天井スペースに子どもの作品が展示されている空間をよく目にします。子どもが好きな活動を選ぶことができるように、保育室に絵本を読むことができるコーナーや、造形活動やままごとやお店屋さんごっこができるコーナーなどを環境構成としている園もあります。子どもの発達に合った画材や使い慣れた道具が、子どもにとって使いやすい配置になっているかどうか確認してみましょう。

教室内に設けられた様々なコーナー

テープが出しやすい工夫

（２）廊下やベランダの活用

　子どもたちが戸外へ向かう時、または室内に戻った時に通る場所に戸外遊びの道具を片付けるスペースや手や足を洗う設備があります。廊下には、戸外で採集してきた木の実などを集め、造形活動の際に取りに行ける共有スペースもあります。また昆虫や小動物を飼育して観察するコーナーを設けるなどの配慮がされています。

集めた木の実の保管

採集した昆虫とそれに関する資料の展示

（３）野外環境の整備

　屋外の活動は、散策を通して身近な生き物に触れる機会です。生き物との関わりは、生きているものに対する愛情を育むと共に、常に変化する自然科学への様々な興味・関心を刺激するきっかけとなります。こうした遊びの場面において、子どもの意識が自然への興味に繋がるような保育者の言葉がけや関わり方は、その後の表現の幅に大きく影響します。

　園庭内だけではなく、公園や広場などで過ごすことの心地よさは、視覚・聴覚等を刺激し豊かな感性を育みます。屋外の保育活動を展開するには、予想される子どもの活動を十分に検討し、危険な場所を避けるなど衛生面や安全面に留意することが重要です。

　屋外には子どもの体力に合わせ、それに応えてくれる様々な遊具や自然環境があります。体力的にもできなかったことができるようになる喜びや、頑張る力を養う環境があちらこちらに存在します。市販の遊具のみに頼らず、

子どもたちは自然環境を遊びの材料や用具にする創造性をもっています。

木登りをする子どもたち

土山の上を裸足で動く子どもたち

2. 身近な自然環境からの造形的感性・音楽的感性の芽生え

（1）葉の形、色、音を味わう

落ち葉を踏む

落ち葉を破る

葉を揺らす

　乳幼児期には、自然など身近なものに興味を示す姿が多く見られます。上の３つの写真を見てみましょう。１歳６か月のダイくんは、落ち葉を踏むことで、靴の裏で葉のつぶれる感触やその時に出る音を味わっています。さらに、ダイくんは葉を手に取り、形を十分に観察すると、葉を破り、その音に耳を澄ませていました。

　また、１歳８か月のケンくんは、自らの身体と同じくらい大きな葉を揺らすことで、葉と葉が擦れる音や、葉の感触を楽しんでいます。

　このように、子どもは「葉」という１つの素材に様々な方法を用いて関わることで、その形・色・音を十分に吟味していきます。保育活動において自然環境に触れる機会を設けることは、音楽的な感性を培っていく上でも重要であると言えます。

（2）葉の色を整理して捉える

　子どもが様々な視点から葉の特徴を捉えた後に、葉の色を整理して捉え直

すことを援助する物的環境の1つとして、イタリアの幼児教育家であるモンテッソーリ（Maria Montessori）の考案した「色板」という教具があります。この「色板」は、色の濃淡を段階付けるための教具です。

「色板」に葉の色を合わせます

　ある大学では、大学生らが落ち葉を採集した後に、この「色板」を用いて、葉の色を比較したり、同じ色を合わせたりする活動を行いました。子どもがこの教具を使用すれば、身近な環境の中で得た色彩感覚を整理することができます。このような教具を子どもがいつでも手に取ることができるように環境構成することで、表現に関する豊かな感覚を培っていくことができます。

第2節　聴いたり、感じたりすることを楽しむ環境構成

　子どもが過ごす空間には、五感を刺激する様々な要素が季節や時間の変化とともに存在します。音に関しては四季それぞれの自然の音色があったり、地域によって乗り物などの人工的な音も飛び込んできたりします。

　乳児期には、保育者が子どもと触れ合いながら健やかな時間を共有する際に、自然と歌を口ずさみます。また1日の活動の節目をつけるという意味で、朝の登園の時や給食の時、午睡の時などに適切な曲を流す工夫もあります。保育者は子どもにとって心地よい音とは何かを常に考えて、歌を歌ったり楽器を演奏したりする工夫が大切です。

1. 発達段階と音楽環境

（1）乳児期の音楽環境

　乳児は誕生してから数か月が経つと、様々な声を出したり、豊かな声で笑ったりします。そして音がする方向を見たり、家族の心地よい声に反応したりするようになります。大人が子どもを抱っこして、ゆっくりと手でリズムをとりながら歌うことは、子どもに安心感を与えます。また、音の出る玩具にも反応しますので、ただ遊べるだけのものより、聴覚にも配慮した玩具についても工夫してみましょう。音楽活動を歌唱や器楽だけに限るのでなく、日

常的に音遊びをしたり、質の高い音に触れたりする環境を整えることが大切です。

第4章も参照してみましょう。

（2） 1歳〜3歳児にかけての音楽環境

　一語文から二語文、やがて多語文が話せるようになると、体で表現しながらリズムをとって歌えるようになります。オノマトペを繰り返す中で言葉を覚え、メロディーやリズムをつけて歌うことへ発展していきます。動物の鳴きまねも動きを伴わせてできるようになります。保育者や特定の友達との遊びを通して、一緒に歌うことの楽しさに気付きます。音楽的な表現力は人的環境との関わりによって成長していきます。

（3） 3歳児〜5歳児にかけての音楽環境

　音楽のもつイメージに合わせて身体で表現したり、最初から最後まで一人で歌ったりすることができるようになります。楽器を使わなくても手足を使ったりボディーパーカッションを取り入れたりして、音遊びを通じた表現力が豊かになります。聴く力も発達するので、打楽器を中心とした楽器に触れられる環境を整えてみましょう。楽器を大切に扱うことは重要ですが、発表会でのみ使用し、その後はしまい込んでしまうのではなく、楽器の音色に親しめる空間をつくることも大切です。

　近年、子どもが生活する音環境が騒がしいということが指摘されてきています。騒がしい音環境では、子どもたちが音楽を共に楽しむことや、活動に集中して取り組むこと、さらには友達同士でコミュニケーションを円滑にとることなどが困難です。子どもが音を意識的に聴く環境を整えることは、健やかな生活を保障することのみならず、音楽性を育む上でも大切であると言えます。また、子どもは楽器だけではなく、私たちの生活にあふれている身近な素材に関わることでも音楽的な感性を培っていきます。そこで、環境の音を聴くことや、身近な素材を味わうことから始まる音表現について、活動を3つ紹介します。

2. 環境音を聴くことや、身近な素材を味わう環境構成

（1）サウンドスケープから始まる音表現

　サウンドスケープは「音風景」と訳され、カナダの作曲家であるシェーファー（Raymond Murray Schafer）の提唱した概念です。シェーファーは、子どもが音への感性を培うための取り組みを数多く考案しました。以下に、

ある大学で実践した、サウンドスケープの思想に基づく取り組みについて紹介します。この活動は、①自然の豊かな環境でサウンドマップを作成する、②サウンドマップをもとに図形楽譜を作成する、③図形楽譜をもとに演奏する、という3つの段階を含みます。

　①では、自然が豊かな環境を歩き、気に入った場所で、1分間耳を澄まして環境音を聴きます（写真①-1）。その後、1分間で聴こえた音を、言葉や図を用いて全て書き出し、サウンドマップを作成します（写真①-2）。②では、サウンドマップをもとに、楽器を用いて音環境を表現するための図形楽譜を作成します（写真②）。そして③では、図形楽譜を基に、グループで環境音を楽器で演奏します（写真③）。

　環境音を聴くことから音表現へと発展することで、学生らは言葉や図を用いて音を表現する力が豊かになるだけでなく、自らの音表現にこだわりをもつ姿が見られました。保育においても、既成曲を歌ったり演奏したりするだけではなく、自然の音に耳を澄ませることや、そこから得たアイデアを基に音を創作することで、子どもは豊かな表現力を身に付けていくのです。

①-1　自然環境で音をとらえる

①-2　サウンドマップを作成する

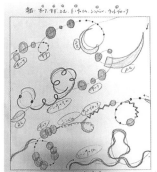

②　サウンドマップから図形楽譜へ

③　図形楽譜から音表現へ

（2）新聞紙アンサンブル

　身近な素材の1つに、新聞紙があります。まず、新聞紙から出るユニークな音を発表し合います。ダイナミックな音から小さな音まで、様々な種類の

音を発見することができるでしょう。その後、グループで新聞紙アンサンブルをします。テーマを決め、図形楽譜を作成し、演奏を発表し合います。

新聞紙アンサンブル

　ある大学では、「夏休み」や「料理」などのアンサンブルのテーマのもとで、それに合うような音づくりがなされました。

　子どもにとって、身近なものはいつでも音素材になります。保育室には、子どもがいつでも手に取ることのできる本物の楽器の他にも、豊かな音を生み出すことのできる魅力的な素材を準備しておき、音遊びをすることができるような環境設定を心掛けたいものです。

（3）身体の動きから始まる音表現

ボディスタンピングから音表現へ

　ロール紙、絵の具（赤・青・緑・黄など、3〜4色程度）を準備します。手や足など、自分の身体に絵の具を塗り、ロール紙にスタンプします。すると、それは視覚的なアートとしてのみならず、音表現するための図形楽譜としても使用することができます。室内でスタンピングをする時には、床に新聞紙を敷き、子どもが身体を使いながら思い切り表現することができるように配慮します。

　ある大学の授業では、ボディスタンピングした後に、それを図形楽譜と見立てて、音表現へと発展させました。それぞれの学生が図形楽譜のどの部分を担当するかを決め、手拍子や声でリズムをとったり、ボールや箏を使用してユニークな音を出したりして表現しました。このように、自らこだわりを持って音表現することで、豊かな音楽性が育まれるのです。

演習課題

①まとめの演習課題

1. 梅雨が明けて気持ちよく晴れ渡った日、3歳児クラスの子ども達は元気よく自然物の多い園庭に出ていきました。この環境で保育者が留意する事柄を考えましょう。

２．身の回りにある魅力的な音が出る素材を見つけ、仲間と発表し合いましょう。その際、１つの素材から、なるべく多くの音を発見しましょう。

②発展的な演習課題

１．戸外で採集した自然物から作るのに適した造形物を考えてみましょう。また、採集してきたものからどんな表現活動への発展が想定できるか考えてみましょう。

２．演習課題①－２を行う中で集まった素材を用いて、グループで音の作品を創りましょう。その後、他のグループと自分達の作品を発表し合いましょう。

【参考文献】
高山静子『学びを支える保育環境づくり』小学館　2017年
河原紀子監『0歳～6歳子どもの発達と保育の本』Gakken　2011年

第**9**章 領域「表現」の特性に基づく指導方法及び保育の構想

●はじめのQ

　表現活動を展開するための指導計画は、どのようなことに気を付けて考えたらよいでしょうか。エピソード（1）のリョウタくんの気持ちを想像しながら、保育者としての関わり方や保育の展開方法についてグループで話し合ってみましょう（話し合う時間の目安：5分）。

✐ エピソード（1）　ウクレレを弾くリョウタくんの気持ち（3歳児クラス／8月）

　リョウタくんは弦楽器を演奏する映像を観ながらウクレレを弾いています。楽器のもち方を真似しながら何度も弦をはじいています。でも、思うように音が鳴りません。

●本章の学びのめあて

　子どもの育ちや体験を踏まえて表現活動の指導計画を作成し、活動の振り返り（評価）ができるようになりましょう。実習で作成する指導計画は、指導計画の中でも日案（1日の指導計画）に当たります。表現活動に限らず指導計画は、クラス全体の様子や子どもの実態を観察し、保育のねらいや内容、環境構成等について考えていきます。指導計画や活動事例から、指導計画の作成手順や指導上の留意点、活動の振り返りがそれぞれどのように関係しているか学びましょう。

第1節　表現活動の保育計画についての
基本的な考え方

1. 保育計画の基本

　保育計画の基本は、子どもの育ちや豊かな体験を保障する活動全体の道筋です。計画立案・実践・振り返りは一つの繋がりとして捉えます。計画立案には、それぞれの施設が踏まえるべき指針・要領があります（表9－1）。

　保育所・幼稚園・認定こども園における実習や実際の保育においても、この基本的な捉え方は変わりません。領域「表現」の指導計画を検討する際に陥りやすいところは、この基本原則を踏まえていても、「造形」や「音楽」といった1つの独立した活動をイメージしてしまうことです。造形もしくは音楽的活動のどちらかに活動の軸足を据えるのか、あるいは造形から音楽的な活動に展開するものかなど、保育のねらいに応じた発展的・総合的な観点から検討を行うことが重要です。養成段階の実習では、どちらかの分野に軸足を置いた事例が散見されます。

　保育における子どもの主体性をどう育てるかということが課題となる中で、保育者の意図が強く保育計画から逸脱することなく活動を効率的に進めることがよい実践と捉えられる傾向があります。保育の面白さは、保育のねらいを踏まえながらも、保育者が想定し得なかったきっかけから、子どもが生き生きとした活動へと展開するところにあります。特に表現活動では、子ども一人一人の見方や考え方が異なるため、その表し方も様々です。

　一方で、子どもの主体性を自由な活動として捉えることは、放任的で無計画な実践になってしまう恐れがあります。表現活動では、実践の振り返りが

表9－1　保育計画の立案で踏まえるべき指針・要領

保育所	幼稚園	幼保連携型認定こども園
保育所保育指針 第1章　総則 　1　保育における基本原則	幼稚園教育要領 第1章　総説 　第1　幼稚園教育の基本	幼保連携型認定こども園教育・保育要領 第1章　総則 　第1　幼保連携型認定こども園における教育及び保育の基本及び目標

子どもの表現の結果（出来・不出来）に向いてしまう傾向や、発達に見合わない実践、訓練的な側面を重視する実践も見受けられます。表現活動の計画立案で最も重要なことは、子どもがやってみたいと思えるような魅力的な活動において楽しさを繰り返し味わえること、友達の感じ方に共感したり様々な表現に触れることで何度も試したり挑戦してみるなど、幅広い世界の中で子どもが自分らしいと思える表現に出会うことです。

2. 保育計画の立案の注意点

表現活動の実践は、園の方針、教育課程や全体的な計画等、年・月・期などの長期的な計画、週単位・日ごとの短期的な計画と関連をもっています。養成校では、日ごとの計画を日案として検討し、子どもの観察や保育への参加で学んだことを生かして保育実践を組み立てる「部分実習」や「全日実習」を行っています。実習等では、1日の活動の流れの中で午前中の主活動で表現活動に取り組むケースが多いようです（この際の指導計画は「細案」とも呼ばれています）。

保育計画の立案は、保育所保育指針であれば「第1章　総則」の「3　保育の計画及び評価」に、作成において留意すべき点が述べられています。幼稚園・幼保連携型認定こども園においても子どもの生活や発達を踏まえ、適切な環境を構成するという、保育計画の基本的な捉え方は変わりません。

表現活動の実践を検討する上で重要となるのは、実践の対象が3歳未満児なのか、3歳以上児なのかという点です。特に3歳未満児の保育においては、「養護及び教育を一体的に行う」という視点が重要です。

> 保育所、幼稚園、幼保連携型認定こども園における3歳以上児の保育は、共通の内容となるよう整合性が図られています。

3. 「養護及び教育を一体的に行う」視点と表現活動

保育所保育指針において養護の概念は、次に示すように「生命の保持」と「情緒の安定」の2つの観点から捉えられています。

保育所保育指針

第1章　総則

2　養護に関する基本的事項

（1）養護の理念

　保育における養護とは、子どもの生命の保持及び情緒の安定を図るために保育士等が行う援助や関わりであり、保育所における保育は、養護及び教育を一体的に行うことをその特性とするものである。保育所における保育全体

> を通じて、養護に関するねらい及び内容を踏まえた保育が展開されなければ
> ならない。

　表現活動の指導計画案は、こうした捉え方を踏まえてどのように立案した
らよいでしょうか。保育の立案は、子どもの観察・理解から始まります。3
歳未満児と3歳以上児の保育計画のポイントを、子どもの育ちという視点か
らみてみましょう。

（1）3歳未満児の表現活動の保育計画のポイント

　3歳未満児（「乳児」「1歳以上3歳未満児」）の保育では、子どもと保育
者との信頼関係において、事故防止などの「子どもの生命の保持」に関わる
側面や、表現活動における気持ちを受け止めたり、言葉を添えるといった「情
緒の安定を図る」ことを大切にしています。そのため、子ども一人一人の育
ち（心身の状態）を生活の中で丁寧な対応により正確に捉えることや、援助
のあり方を理解することを心がけましょう。

【保育計画のチェックポイント①】

☐　保育の一日の流れを把握するとともに、子どもがどのようなことに興味
　をもっているか、遊びを記録してみましょう（子どもの興味や関心から遊
　びを考える）。

☐　発達の特徴や個人差などを丁寧に記録してみましょう（予想される子ど
　もの姿を考える）。

☐　実践を進める上で、事故防止について保育者に尋ねてみましょう（活動
　における安全面への配慮を確認する）。

☐　環境づくりや保育者の関わり、保育体制（担当制）における情報共有や
　保育観について、保育者に尋ねてみましょう（環境構成と生活における援
　助と留意点を確認する）。

☐　身近な素材でつくる遊びでは、活動に必要な環境の整備や材料などの準
　備を、音やリズムを楽しむ遊びでは教材の選択など、事前に試してみましょ
　う（教材研究の重要性について考える）。

（2）3歳以上児の表現活動の保育計画のポイント

　3歳以上児の保育においても「教育」と「養護」の側面を押さえつつ、「幼
児期の終わりまでに育ってほしい姿」（10の姿）を重ねて捉える必要があり
ます（第6章を参照）。表現活動は、「10の姿」の中でも「豊かな感性と表現」

が大きく関係しています。「10の姿」は保育の方向目標であると同時に小学校教育との連続性・接続性という観点からの捉えです。

　生活の中で、子どもが気付いたり見つけたりする音やリズム、形・色など、五感を通して感じたことや、ものの特徴を捉え試しながら自分で表現したり、表現そのものを友達と楽しむ姿を大切にしたいものです。この考え方は、乳児期の保育も同じです。3歳以上では、手指の巧緻性や言葉による表現などが発達し、表現活動に子ども一人一人の捉え方に広がりや深さが生まれてきます。子どもが「これは何かな？」「やってみたい！」と思えるような保育のしかけを考えてみましょう。

【保育計画のチェックポイント②】

□　実習計画が週計画との関連で適切な内容になっているか確認しましょう（内容の適切性について考える）。

□　実践が、クラスの子どもの実際の様子を踏まえたものになっているか考えましょう（予想される子どもの姿を考える）。

□　特別な配慮が必要な子どもについても確認しておきましょう（予想される子どもの姿を考える）。

□　実践を進める上で、事故防止について保育者に尋ねてみましょう（活動のおける安全面への配慮を確認する）。

□　子どもが活動に興味をもてるような導入の仕方や、導入を含めた活動の流れに無理がないか考えてみましょう（子どもの興味や関心を踏まえて遊びを考える）

□　活動当日は、屋外でしょうか、それとも室内でしょうか。また活動の形態（一斉、グループなど）についても想像してみましょう（場所や形態について考える）。

□　造形的な表現活動では、事前の準備（環境構成、材料の配付、用具の準備）に時間が掛かるため、その時間を意識して計画を組み立てましょう（教材研究の重要性について考える）。

□　絵の具をおく場所、のりを使うための手拭き雑巾など活動の流れを考えて用具を準備しましょう（教材研究の重要性について考える）。

□　製作活動から音楽・リズムに発展するような表現遊びでは、音・環境・道具（お面やスティックなどの小物）などによって、活動が大きく異なります。多様な表現を認め合うような声掛けを考えてみましょう（発展的な活動について考える）。

□　実践の締めくくり方について考えておきましょう（材料・用具、楽器などの片付ける時間について考える）。

第2節　実践事例から学ぶ指導計画

1. 「遊び発展型」の指導計画と「活動提案型（教師誘導型）」の指導計画

　実習では、1日の指導計画（全日実習の際の日案）よりもさらに「細案」と呼ばれる全日実習の一部のみの、具体的な言葉がけを含めて書いた指導計画（部分実習の際の指導計画）を作成することが多くあります。ここでは、表現活動に取り組む際に、どのような視点で書いたらよいか理解しましょう。

　「細案」には、子どもの自発的な遊びから、その活動を支える保育実践を考える「遊び発展型」の指導計画と、指導者の方から子どもに対して活動を提案していく「活動提案型（教師誘導型）」の指導計画があります。「遊び発展型」で実習生が取り組む実践は、プロジェクト型保育のようなものではなく、造形活動であれば絵や製作の活動でも「遊び」を活動の軸として捉えたものです。

2. 「遊び展開型」の指導計画作成のポイント

　「細案」の作成は、園が独自に作成する様式や養成校が指導計画用に用意しているものを使うなど、定型のものはありません。どの様式のものを使って指導計画を書くとしても、「遊び展開型」の保育案で重要なことは「子ども一人一人の育ちについて記録をする」という点です。子どもの遊びから保育の展開を考えるためには、目の前にいる子どもがこれまでにどのような経験をし、今、何に夢中になっているか、気持ちはどのように育ってきているかということを把握する必要があります。これは実際の指導計画の「前日までの子どもの姿」の部分に記載することになります。こうした子どもの姿を捉える保育の視点を3歳児の実践記録から考えてみましょう。

エピソード (2)　ぼくの石温泉（3歳児の記録／4〜7月）

〈実践の概要〉

　サトルくんが2歳の時、外遊びで「温泉」をつくって遊んだことを思い出して、保育士が温泉づくり遊びの続きをサトルくんに提案しています。サトルくんは、レンガを並べて湯船の枠のようなものをつくり出します。地面に転がっている石を温泉に入れることで「おばけおんせん」「きょうりゅうおんせん」と名前を付ける遊びが展開していきます。レーキ（熊

手）を使って地面を掘ると色々な形や色の石が埋まっています。石をお湯に見立てて温泉づくりが進みます。石探しが進むと恐竜の骨に見立てる遊びや、温泉に入れる恐竜やお化けを石やレンガ、木を組み合わせてつくっていくサトルくんの姿がありました。

〈4月4日の記録〉

　昨年度の温泉づくりの続きをしようと誘いかけました。「温泉を広げたい」という思いからレンガで温泉づくりを始めました。草が生えていたため、レンガを立てにくかったのですが、レンガを少し斜めにすることでレンガが立ち、温泉の形をつくり上げていく姿がありました。「オーストラリアの温泉」と話す姿があったため、どんな温泉だったのか聞いてみました。昨年度は砂をお湯に見立てていましたが、今回は石をお湯に見立てる姿があり、サトルくんの中で変化があったようです。続きをしたいと話す姿もあるため、次回続きを行います。

〈4月9日の記録〉

　木を使って違う場所から水を引いてきたり、石をお湯に見立てています。前回と違ったのは、恐竜の温泉にお湯を入れていたり、お湯に見立てた石はおばけの温泉より大きい石だったことでした。また、風でビニールが音をたてたことで、「おばけ！」とつぶやき、おばけが来てくれたのかもしれないと想像しましたが、「まだできてない」とおばけを思って温泉づくりを続けていた姿から思いやりが感じられました。オーストラリアの温泉については、次回聞いてみたいと思います。

〈6月5日の記録〉

　温泉が完成すると、以前から話していたおばけと恐竜を入れてあげたいと教えてくれました。以前は石を恐竜の骨に見立てている姿がありましたが、今回はレンガで、それも小さいレンガではなく大きいレンガでつくりたいと話す姿もありました。おばけは大きめの石を2つ選び、色は"白""ゴールド"とつくりたいおばけをイメージして教えてくれました。どんな恐竜やおばけを温泉に入れてあげたいのか対話しながらつくっていきました。

〈7月3日の記録〉

　温泉の大きさを考えてか、大きい恐竜を入れてあげたいと話す姿がありました。身体はレンガ、手足、顔は木の枝で表現したいという気持ちがあるようで、前回選んだ素材を使いながらつくっていく姿がありました。恐竜の細部までイメージしながらつくっていき、でき上がっていくたびに次はどうしたいか考えています。今まで自然物に多く触れてきたこともあってか自然物を中心につくる姿があります。恐竜の他におばけをつくりたいと話しているため、どのようにつくるのか対話しながら進めていきたいと思います。

３. 「教師誘導型」の指導計画作成のポイント

（１）素材や楽器の面白さを感じる活動

　幼児教育では生活の中で様々な音に気づき、ものとの関わりを通して音の多様さや面白さを味わう体験が必要とされています。その中でもよく目にする実践は、素材や楽器と関わる活動ではないでしょうか。素材とは、生活の中で身近に存在するもの（葉、枝、土、家庭用品など）を指し、楽器とは、形作られた音の出るもの（タンバリンなどの打楽器、民族楽器、手づくり楽器など）を指します。それらは子どもの遊びの中で面白さが発見される場合もあれば、保育者の緻密な環境設定によって出会いのきっかけがつくられる場合もあります。

　では、保育者はどのようなことを配慮しながら、子どもが素材や楽器の面白さを感じられる指導計画を立てているのでしょう。

　まず、素材や楽器との出会いを充実させるために、どのような準備や工夫が必要でしょうか。それは、個々の子どもの記録や日々の保育の記録が最も参考になります。「まだ前回の活動の余韻が残っているので、それと関連のある内容にしよう」「今まで○○のようなものを使った活動を実施したことがないので、初めての出会いを強調した導入にしよう」など、これまでの子どもの様子や経験からヒントをもらいながら、素材や楽器との関わりを設定していきます。

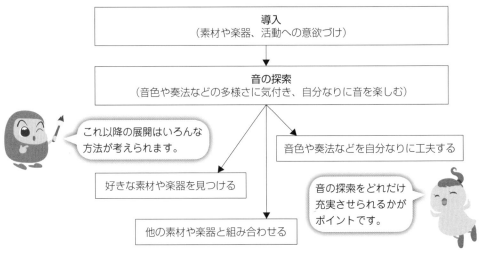

図９−１　素材や楽器の面白さを感じる活動の展開例

指導計画を考える上で保育者が気を付けなければならないことは、子どもが音の探索に集中できる環境を設定することと、子どもが素材や楽器のどのような部分に興味を示しているかを正しく読み取ることです。子どもは、自分の発する音を自分の耳で明瞭に聴き取れたり、音の響きや余韻を十分に堪能できたりすることで、初めて音の探索に没頭することができ、様々な音を発見することができます。

とはいえ、限られた空間の中で集団生活をする子どもたちに、十分な空間を保障することが困難な場合もあります。そのような場合は、子どもたちがどのような過程を経て音を発見していくかをじっくりと観察することが大切です。音を探索する過程は、子どもの性格やこれまでの経験などによってすべて異なります。それを保育者が正しく見極めることによって、子どもはのびのびと音と関わり、自ら表現を工夫することができるようになります。

（2）子どもの音楽的表現を正しく捉えるためのマインドマップ

マインドマップ[*1]は、イメージを言葉にして構造化するための思考ツールです。音の探索の方法や内容が一人一人異なるため、素材や楽器のどのようなところに面白さを感じているか、どのような音を出したいと思っているかなどについて、保育者は想像力を働かせながら子ども理解を深める必要があります。

＊1　マインドマップ
トニー・ブザン（Tony Buzan）が提唱する思考表現方法です。中央のキーワードから放射状にイメージを広げて思考の流れを可視化することで、理解を深めたり新たな発想を得たりすることができます。

楽器とかかわる子どもの音の探索と
心の動き

それでは、「はじめのQ」で登場した「ウクレレを弾くリョウタくん」のエピソードをもとに、リョウタくんのマインドマップを作成してみましょう。また、情報を効率よく蓄積するために、デジタル機器を用いたマップづくりにも挑戦してみましょう。

これまでの生活から見えてきたリョウタくんの姿をマインドマップで整理すると、リョウタくんを理解するためのヒントや援助の方法をいくつか導き出すことができます（図9－2）。これが、指導計画を作成する際の「予想される子どもの姿」や「保育者の援助」へと繋がっていきます。

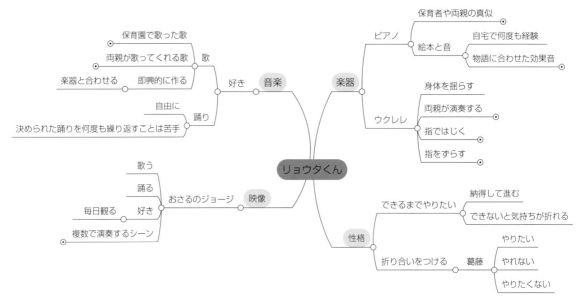

図9-2　リョウタくんに関するマインドマップの一部（使用ソフト：Mind Meister）

第3節　指導計画作成の実際 ⋅⋅⋅⋅⋅⋅⋅⋅⋅⋅⋅⋅⋅

1. 指導計画作成の実際：造形的表現

　表現が遊びとして豊かに展開していくためには、生活の中にある「形」や「色」といった造形の基本的な構成要素に着目しながら、形や色の面白さに子どもが気付くことで探究的な活動となっていくことを大切にしたいものです。形や色の組み合わせを試しながら、自分のイメージを近づけたり偶然できた組み合わせから新たなイメージを思い浮かべたりすることにも繋がっていきます。

　こうした活動を実際の指導計画の中にどのように反映させたらよいか、お花紙を使った遊びの指導計画から読み取ってみましょう。

　表9-3のお花紙を使った実践の指導計画では、立案の前の活動で、子どもがお花紙という素材の面白さに触れるところから始まっています。生活の中で色が透過して見える現象は、木々の葉が重なる様子や色水遊びなどの体験から気付くことができます。薄い紙が手で簡単に丸めたり、折ったりできることは、可塑性のある粘土や折り紙活動の展開として位置付けることもできそうです。4歳児の活動としてふさわしい、「自分なりのイメージ」や「友達と一緒に」というキーワードが指導計画に含まれています。この2つのキー

表9-2　指導計画の内容の解説

年　月　日（　） 天候：	歳児　　組　名（男　名女　名）			実習生
前日までの 子どもの姿	◆本時のねらいや内容に繋がる子どもの姿について記載します。 普段の活動において、造形的な見方や捉え方（形や色、手触り感など）から子どもがどういうことに興味や関心をもっているかということについて記載します。 クラスの雰囲気なども記載します。			
ねらい （活動における目標 を記載します）	（養護のねらい※）保育者が造形の実践において、<u>生きる喜びや情緒の安定や安全を図る</u> <u>上で行わなければならない目標</u>を記載します。 例）「○○を図る」「○○をする」 （教育のねらい※）造形的な活動をして、<u>子どもが身に付けてほしい心情・意欲・態度等</u> <u>の目標</u>を記載します。 例）「○○を楽しむ」「○○を味わう」「○○を広げる」「○○をしようとする」			
内容 （目標を達成するた めに、どういう方法 で行うのか、記載し ます）	（養護の内容※）保育者が子どもの状況に応じて適切に行う基本的事項を記載します。 例）「○○を把握する」「○○に過ごせるようにする」「○○を受け入れるようにする」 （教育の内容※）保育者が造形的な活動の中で援助する事項について記載します。 ・3歳児未満児 　子どもが自主的に取り組めたり、探究活動ができるような援助の側面から捉えます。 ・3歳以上児 　造形的な活動における子どもの発達を踏まえた援助の側面から捉えます。 例）「～をして遊ぶ」「～調整する」「～を（一緒に）楽しむ」			

時間	保育の実際 活動の流れ	環境構成	予想される子どもの活動	援助活動・配慮事項
	・実習の場合およその目安は、年齢にもよりますが、およそ30分から1時間程度です。活動の大きな流れを記載します。<u>右の環境構成と記載内容を統一した書式もあります。</u> ・造形活動では、どのように活動を終わるのかも考えておきます。	◆あらかじめ、子どもが興味を持てるように部屋に置いておくものなども記載しておきます。 ◆環境構成を描いてみると、材料や用具の準備や、どのように配置したらよいかということについて、予想を立てることができます。 例）準備物 ・のり ・手拭き用の雑巾 ・色画用紙　など ◆絵の具・パスなどを使う平面的な活動では、出来上がった作品などを置いておく場所が必要です。図のように部屋の中にロッカーがあれば、その上に新聞紙を敷いて、作品の一時管理場所にすることもできます。 	◆環境構成に対して、子どもがどのように関わるかを予想して記載します。<u>子どもが主語になるように記載します。</u> 例）「○○を使って遊ぶ」「○○をつくる」「○○をして試してみる」	◆保育者が関わる姿を記載します。造形活動では、「できた満足」や「もう一度やってみたい」「友達と一緒にやってみたい」という気持ちが育つような援助や配慮について記載します。 例）「声掛けをする」「問いかける」「見守る」「励ます」「共感する」

※日々の指導案の中では、ねらいや内容の中で、養護と教育と分けて記載することは、ほとんどありません。ただし、入園、
進級当初や季節の変わり目、感染症の流行等、特に特別に養護の記載が必要な場合には記載することがあります。

表9−3　表9−2を参考に作成した指導計画の一例

○年○月○日（木） 天候：晴れ	4歳児○○組　20名（男11名　女9名）			実習生　○○○○

前日までの 子どもの姿	机の上に用意した画用紙に、好きな色のお花紙をのりを使って貼ることを提案した。子どもたちは、初めて触る紙の手触り感を楽しんだり、丸めたり重ねたりしながら遊んでいた。透けて見えるお花紙を窓に貼ってみたり、重ねると色が濃くなることを発見する姿が見られた。のりを使って画用紙に貼る時に、紙が水分を吸って色が濃くなったり、異なる色の紙をちぎってのりで貼ると紙が解けて色が混ざり合うことの面白さに気付く子どももいた。折り紙のように折ったり、ちぎったり、丸めてできる他児の表現から「○○みたいだね」と声を掛け合う子どももおり、そのイメージを認め合うような言葉がけをした。
ねらい	・お花紙の柔らかな感触や形や色の変化を楽しみながら、友達と一緒に貼って出来上がっていくことを楽しむ。 ・お花紙の色々な表現に触れながら、自分なりのイメージをもって表現しようとする。
内容	・友達と一緒に、様々な色のお花紙を画用紙に貼って遊ぶ。

時間	保育の実際 活動の流れ	環境構成	予想される子どもの活動	援助活動・配慮事項
9:45	・実習生の話を聞いて、貼りたい画用紙の色の机のところへ行く。 ・イメージをもってそれぞれつくりたいものをつくり始める。 ・子どもの作っている様子を見ながら子ども一人一人に合わせて終わったり、続けたりする。	・机を2つずつ向かい合わせに1つのグループをつくり、色画用紙を広げておく。グループは4つつくる。 （図：机の配置とロッカー・水場） （準備物） ・お花紙を数色 ・のりが入ったバット ・手拭き用の雑巾 ・色画用紙 ・机にビニールシートを敷いておく。	・実習生の話を聞いて、何をつくろうかと考える。 ・自分なりのイメージをもち、思い思いのものをつくり始める。 ・偶然できた形からイメージを広げる子供がいる。 ・なかなか作り出せない子や、自分の思うようにつくれない子などがいる。 ・友達同士でつくったものを見せ合ったり、真似したりしてつくろうとする。 ・出来上がりをみんなで見て楽しむ。	・前日、お花紙を透かしてみたり、重ねてみたりする姿が見られたことから、画用紙は海や空、草木等がイメージしやすいように、薄い色を用意する。 ・活動の手順や約束事（好きな色の画用紙の場所へ移動すること、のりの分量を調整して使うこと）を伝える。 ・つくりたいもの、イメージが分からない子には、様子を見ながら誘っていくようにする。また、つくりたいもののイメージをもちながらうまく表現できない子などの援助をしていく。 ・他児の、お花紙の貼り方や工夫していることを伝え、子ども間で共有していく。 ・それぞれの表現を大切に受け止めて、言葉や思いに共感していく。 ・いろいろな表現の特徴や、そこから思い起こされるイメージを話し合ったりしながら、みんなで認め合い、出来上がりを楽しむようにし、さらにイメージがわいた子どもには続きをやれるようにする。

ワードには、遊びを通して「こんなことがしてみたいな」「○○くんのこんなことを真似してみたい」というような、挑戦したいという気持ちを指導者が大切にしたいという気持ちが表れています。

　遊び発展型の指導計画は、活動の終わり方が難しいのですが、この指導計画では子どもたちと出来上がったものをみんなで一緒に観てみるという締めくくり方をしています。ここで重要なことは作品の出来・不出来ではなく、「友達の表現の面白さに触れる」ことで、そこに含まれる思いを汲み取ったり、共感すると言う活動となっているところです。こうした振り返りが、次の活動への意欲や楽しさを発見することに繋がっていきます。

造形活動の指導計画作成についてのまとめ

　「遊び発展型」「教師誘導型」の指導計画のうち、実習で取り組む機会が多いのは「教師誘導型」でしょう。「教師誘導型」の指導計画で造形活動を行う場合でも、基本は同じです。①子どもの様子の把握、②事前準備（材料の準備）、③導入の仕方の検討、④環境構成、⑤言葉がけなどで活動は大きく変化します。

　指導計画を作成する際に、いきなり難しい言葉で書こうとするとつまずきやすいものです。子どもが楽しむ様子をしっかりとイメージして、どのような言葉がけをしたら意欲に繋がるか、活動の見通し発展を考えて、どのような示し方があるかということを、保育者のセリフを考えて台本のようなものとして指導計画を作成する方法があります。園や実践の方法によって、指導計画はこれでなくてはならないというものはありません。魅力的な実践に多く触れて、その保育の流れやアイデアを学びながら、目の前にいる子どもにふさわしい指導計画を考えることが重要です。

2. 指導計画作成の実際：音楽的表現

（1）指導計画作成の手順①：子どもの発達特性を確認する

　指導計画を作成する上でまず確認することは、子どもの発達特性です。例えば、音や音楽に関する指導計画を作成する際、「イメージを豊かにする」という文言をよく見かけます。これは保育所保育指針、幼稚園教育要領、幼保連携型認定こども園教育・保育要領の領域「表現」のねらいや内容でも記されているとおり、保育のねらいとして非常に重要なポイントです。ただ、イメージを豊かにする過程は、すべての年齢の子どもが同じ道筋をたどるのでしょうか。白石昌子は次のように述べています[1]。

表現する対象を"イメージ"として言い表されるが、乳幼児は、大人のように、イメージ→素材→方法というような表現に至る過程をとらない。０〜２歳の子どもは、まず自分の体と素材の特性との関係を体得していく。３〜４歳頃になると、素材と過去の体験による事物や感覚を同一イメージで結びつける"見立て"が始まり、イメージを他児と共有することができるようになる。５〜６歳頃になると、まずイメージが合ってそれにふさわしい素材を選ぶというようになるが、描かれた形とイメージとはすぐに一致せず、自分のイメージの再現のために、"技術"を必要とし、それが方法の一つに当たる。こうしてイメージ→素材→方法の過程が確立していく。

　つまり「イメージを豊かにする」といっても、子どもの性格や育ち（表9－4）によって一人一人の姿は異なります。そのため、発達の段階を見極めながら活動のねらいを設定していくことが保育者には求められます。

表9－4　幼児の音楽的発達の一例

年齢	子どもの音楽的発達
おおむね３歳	・自分の意志で歌ったり、身体で表現したりして楽しむ。 ・歌のメロディーを覚え、ゆっくりと歌詞も歌うことができる。 ・簡単なメロディーを即興的に口ずさむことがある。 ・擬声などの言葉遊びを楽しむ。 ・音の出る楽器などに興味を示し、いじったりして遊ぶ。
おおむね４歳	・歌う意欲が盛んになり、みんなで揃って歌うことを好む。 ・動きを伴って音楽を聴くことができるようになる。 ・簡単な歌を遊びながらつくったり、仲間とともに手遊び歌などを楽しんだりする。 ・音楽的能力も発達し、正しいリズムや音程も理解できる。 ・強弱の比較、テンポの変化にも対応できる。
おおむね５歳	・音楽的要素（音の高低、強弱、速度、拍子など）を身体で感じ取ることができ、歌う、楽器を弾く、身体で表現する時にうまく取り入れることができる。 ・自由表現をする時は、表現の仕方を工夫したりする。 ・仲間と一緒に活動する時はなるべく揃えるように気をつけ、自分の役割を認識しながら表現することの楽しさを理解し始める。

出典：三森桂子編著『新・保育内容シリーズ5　音楽表現』一藝社　2010年　pp.30-31 を参考に筆者作成

（2）指導計画作成の手順②：環境と遊びを振り返る

　次に、日頃子どもたちがどのような場所で音遊びをしているかについて振り返ってみましょう。水が流れる音を聴くと心が落ち着く子、友達と一緒に何かをつくることが好きな子、自分の好きな楽器を鳴らしたい子など、子どもの遊びや特徴は様々です。マインドマップや保育記録を参考にしながら振り返ると、少しずつ保育の道筋が見えてくるはずです。

表9−5　環境と遊びを振り返るエピソード記録の一例

〈園庭の様子〉

・大樹の下がお気に入りの女児A、B。座って話をしたり、歌を歌ったりしている。
・枯葉が落ちると、それを踏んで音を楽しんでいる。枯葉を集めて重ねたり場所を変えたりして音の変化を感じている。
・園庭で拾った枝を使って、楽器の見立て遊びをしている。

・雨が降った翌日は、園舎の屋根から落ちる雨音をじっくりと聴く男児A。滑り台の下など、場所を変えたりして音の変化を聴き比べている。

・板の下や草むらに潜む虫を探す男児B。虫が鳴く声を注意深く聞き分けている。

〈保育室内の様子〉

・保育室内のジャンベが好きな男児C。自由遊びでもよく持ち出して音を出している。
・季節の歌を歌う際、友達と顔を見合わせながら歌う女児E。子ども同士の距離も歌いやすさや楽しさに影響しているかもしれない。
・園庭で拾った枝を使って、楽器の見立て遊びをしている。
・女児C、Dは遊びながら歌う歌を相談して決めている。

（3）指導計画作成の手順③：子どもの気持ちを想像し、保育者の配慮について熟考する

　子どもの発達特性や環境を通した遊びについて確認することができたら、指導計画の作成に取りかかります。その際には、まず日々の子どもの様子を多角的に想像しましょう。そして、子どもの気持ちや状況を想像しながら、細かく配慮事項を考える必要があります。

第4節　様々な指導の方法や内容

　指導計画は、作成前・作成中・作成後のどの段階においても、想像力を膨らませながら考えを巡らすことが必要です。さらに、指導計画作成後は一度落ち着いてじっくりと振り返ることも重要です。「指導計画を書いている途中で流れに違和感を覚えた」「指導計画を書き終わったら、子どもが楽しく取り組むことができるか不安になった」などはよくあることです。子どもの様子は日々変化するため、どれだけ指導計画を熟考しても、実際は予想外の出来事が起こることもしばしばあります。ただ、常に想像力を働かせながら計画を立て、丁寧に振り返りを行うことは、子ども理解をより一層深め、保育者に求められる実践力を積み重ねることへと繋がっていきます。

表9−6　音に関する指導計画の一部

10月　15日　火曜日　天候　晴れ	氏名　○○○○○			園長印	担任印
実習組	5歳児　　たんぽぽ組	クラス	20人	欠席数	2人

現在の子どもの姿	・身近な自然とのかかわりを通して、秋の植物や食べ物に興味を示している。 ・複数で遊ぶ様子が見られ、互いに相談しながら遊びを展開している。
週のねらい	一つの素材から様々な音色が生まれる面白さを知る。 試行錯誤を繰り返しながら、友達とともに遊び方を工夫する。

本日のねらい	内容
身近なもので音遊びができる楽しさを感じる。 友達と協力しながら音の鳴らし方を工夫する。	どんぐり笛をつくる。 大きさの異なるどんぐりを使って様々な音を鳴らす。

時間	生活の流れと環境構成	子どもの姿や活動	保育者の援助と配慮
10:00	○散歩の振り返り （△保育者●子ども） △　電子ピアノ ●●●●●●●● ●●●●●●●●	・昨日発見した植物や食べ物について積極的に発言する。 ・相談し合う子もいる。 ・風で葉が揺れる音、枯葉を踏む音など、様々な音を思い出そうとする。	・昨日の散歩を振り返り、秋の植物や色合いのイメージを共有する。 ・音の多様さに対する気付きを促すために、植物の音についても問いかける。 ・秋の特徴を共有するために、すべての気付きを受け止めるようにする。
10:10 10:20	○《どんぐりころころ》を歌う ○どんぐり笛を作る 木　ウッド 　　デスク　職員室 砂場 　　コンクリート 〈準備する物〉 ・どんぐり：30個（予備含む） ・爪楊枝：30個 ・ヘアピン：15個 〈つくり方〉 1．どんぐりの平らな部分をコンクリートで削る 2．爪楊枝やヘアピンを使って、どんぐりの中身をほじくり出す	・どんぐりを想像しながら歌う。 ・戸外に出てどんぐり笛をつくる。 ・コンクリートで勢いよくどんぐりを削る子がいる。 ・削ることに戸惑う子がいる。 ・好きな場所に散らばって作業をする子がいる。 ・力を入れすぎてどんぐりを割る子もいる。 ・どんぐりの中身をほじくり出すことに集中する子がいる。 ・友達と話しながら作業を楽しむ。 実際にどんぐり笛を作り、子どもの様子や保育者に必要な配慮を考えてみましょう。 ・鳴らし方を友達に相談する。 ・友達との音の違いに気づく。	・どんぐりの形や大きさなどを想像できるように声をかけてから歌う。 ・戸外に存在する秋の植物の中で製作をし、自然を通した遊びを実感できるようにする。 ※（製作手順の説明・配慮は省略） ・削る際に手を怪我する危険性があるため、あらかじめ注意をしてから始める。 ・戸惑う子に対しては、横で一緒に作業をしながら安心感を伝えるようにする。 ・広範囲に分散しすぎないよう、友達とかかわりながら作業をする楽しさも伝えるようにする。 ・大きめのどんぐりだと割れづらいため、力の入れ具合が難しい子どもには新たに渡す。
10:35	○どんぐり笛を鳴らして遊ぶ 再度ねらいを確認し、子どもが鳴らし方を工夫しながら音の多様さに気づくための援助についてじっくりと考えましょう。		・鳴らし方を見せながら、音のイメージを膨らませるようにする。 ・鳴らし方を試行錯誤する姿を受け止め、励ましの言葉をかけながら子どもの意欲を高めるようにする。 ・音の多様さを楽しめるよう、音の違いに注目するよう言葉かけをする。

150

1. チェックリストを用いて振り返る

それでは、作成した指導計画を基にしながら、項目に沿って振り返ってみましょう。

【保育計画のチェックポイント③】

1. 教育課程・全体的な計画

内容	◎○△×
園の教育理念や教育課程を理解していますか。	
園の教育理念や教育課程を具体的に説明することができますか。	
教育課程・全体的な計画が子どもの発達に沿って作成されていることを理解していますか。	
教育課程・全体的な計画が長期的な見通しをもち、一貫性のある内容で編成されていることを理解していますか。	

2. 指導計画

振り返り	◎○△×
指導計画は、教育課程・全体的な計画に基づいて作成しましたか。	
年・期・月などの長期的な指導計画と関連させながら、子どもの生活に即した週・日・部分案を作成しましたか。	
指導計画は、連続性および一貫性をもって作成しましたか。	
指導計画を作成する際は、子どもの発達特性や一人一人の子どもの状況に配慮しましたか。	
指導計画のねらいや内容は、具体的に記されていますか。	
保育者の援助の方法を多角的に検討しましたか。	

3. 子ども理解

内容	◎○△×
子どもの個人記録を作成していますか。	
子どもの発達過程について他の保育者と共有しましたか。	
記録のとり方を工夫していますか。	
子どもの興味・関心、意欲に合わせて保育を展開するよう意識していますか。	
子ども個人の成長と集団での成長に考慮していますか。	

4．環境と遊び

内容	◎○△×
園内や戸外の環境を十分に把握していますか。	
環境を通した子どもの遊びについて記録を残していますか。	
子どもの興味・関心や意欲が高まるような環境設定をしていますか。	
自然、人材、地域行事など、様々な環境を積極的に活用しようとしていますか。	
子どもの遊びが発展するような環境構成に配慮していますか。	

5．省察

内容	◎○△×
自分の保育の振り返りを積極的に行っていますか。	
自分の保育の課題について客観的に見つける手段をもっていますか。	
自分の保育に対して他の教員と意見交換をしていますか。	
自己評価を記録していますか。	
記録の内容について他の教員と情報交換をしましたか。	

2．グループワークを通して振り返る

　これまで作成した指導計画と上記のチェックリストをもとに、グループで意見交換をしてみましょう。自己評価に他者の視点を入れることによって、さらに省察を深めることができます。

演習課題

①まとめの演習課題

　「自然との関わり」「楽器遊び」「造形活動」からテーマを１つ選択し、マインドマップを作成してみましょう。ただし、１分間で15個以上の記述をするようにしましょう。また、作成したものをグループで話し合い、新たな視点を発見しましょう。

②発展的な演習課題

　次のエピソードを読んで、発達特性を踏まえながら子どもたちに経験してほしい内容をまとめ、活動の展開を考えてみましょう。

エピソード(3)　こだわりたいんだけど（４歳児クラス／９月）

　このクラスでは、植物や食物を通して秋を感じる活動を実施してきました。その中で、枯葉の模様の多様さに惹かれる子、落ち葉を拾ってコラージュをつくりたい子、枯葉を踏んで音を楽しみたい子など、それぞれの子どもが自然素材を通した遊びにこだわりをもつようになってきました。そのため、一緒に遊ぼうとすると、意見が対立することも多くなってきました。

【引用文献】

１）保育音楽研究プロジェクト編　白石昌子・山中文・三国和子・吉永早苗・児嶋輝美『青井みかんと一緒に考える幼児の音楽表現』大学図書出版　2008年　pp.25-26

【参考文献】

「保育士のための自己評価チェックリスト」編集纂委員会『保育士のための自己評価チェックリスト』萌文書林　2008年

保育総合研究会監『新保育所保育指針に基づく自己チェックリスト100』世界文化社　2009年

岡本拡子編『感性をひらく表現遊び―実習に役立つ活動例と指導案―』北大路書房　2013年

谷田貝公昭監　三森桂子編『新・保育内容シリーズ５　音楽表現』一藝社　2010年

豊田和子・新井美保子編『保育カリキュラム論―計画と評価―』建帛社　2018年

山本文・飯田恵・三田郁穂他「幼児期の音楽表現カリキュラムの研究　その１―椙山女学園大学附属幼稚園の「表現」の年間指導計画の検討にあたって―」『椙山女学園大学教育学部紀要』第12号　2019年　pp.113-126

今井和子・鶴田一女・増田まゆみ『保育の計画・作成と展開』フレーベル館　2002年

久富陽子編『幼稚園・保育所実習　指導計画の考え方・立て方』萌文書林　2009年

太田光洋編『幼稚園・保育所・施設実習完全ガイド［第３版］―準備から記録・計画・実践まで―』ミネルヴァ書房　2018年

今川恭子「表現を育む保育環境―音を介した表現の芽ばえの地図―」『保育学研究』第44巻第２号　2006年

内閣府・文部科学省・厚生労働省『幼保連携型認定こども園　教育・保育要領解説』フレーベル館　2018年

文部科学省『幼稚園教育要領解説』フレーベル館　2018年

厚生労働省『保育所保育指針解説』フレーベル館　2018年

資料提供・協力園
・風の子藤水保育園（三重県）

第**10**章 模擬保育から考える実践と省察

●はじめのQ

　実習は、実践と省察を通して保育の基礎的な力を高めることを目的に行うものであり、保育者を目指す上で必須の経験です。実習での学びをより深く実り多いものにするために、実習へ行く前にどのような準備ができるでしょうか（考える時間の目安：5分）

✒ エピソード**(1)**　はじめての出会い（3〜5歳児クラス／6月）

　学生が、はじめて幼稚園で1日実習を経験しています。事前に授業で行った模擬保育とは異なり、子どもの動きは予想がつかず、うまく進めることができません。園庭での遊びで、転んで泣いてしまう子どもにどのように対応したらよいか分からず困ってしまいました。

●本章の学びのめあて

　実習に先立ち、学生同士で行う模擬保育は、それまでの授業で得てきた保育の知識・技術を活用し、実習を行うための基礎的な力を養うことが目的です。模擬保育を通して、自らの保育のやり方を分析し変えていくとともに、他者の保育に対する視点やよいところに触れ、積極的に学んでいくことが求められます。

　本章では、基本的な模擬保育のやり方を踏まえ、保育における評価のあり方について理解します。合わせて、模擬保育とその振り返りを通して、保育を改善する視点を身に付けることを目指します。

第1節　模擬保育やロールプレイング

　模擬保育は、養成校の授業で学んだ保育の知識・技術をもとに、実習へ行く前に、基本的な保育の力を養う大切な学習です。現場での実習でなくても、模擬保育を通して、保育の本質に迫る重要な学びをたくさん得ることができます。

　模擬保育による学びには次のようなものがあります。第一に、模擬保育を自身で振り返ったり、他者から評価されたりすることで、「自分の保育の長所や短所を見出す」ことができます。第二に、保育者役と子ども役の両視点から、保育者と子どもとの関わりを経験することで、「保育者の援助に対する視点を養う」ことができます。これらを通して、それまでに持っていた自らの保育への考え方を見直すことができます。

1.　模擬保育のやり方

　模擬保育は、大まかに「準備→実施・記録→振り返り」の3つの段階に分けられます。ここでは、それぞれの段階での進め方の一例を示します。

（1）模擬保育の準備をする

①有意義な振り返りをするために、5～10名程度のグループをつくります。

②設定する子どもの年齢を決め、その年齢の発達段階や実態について本を読んだり、情報検索して調べるなどして学習し、グループ内で理解を深めます。模擬保育の内容が特定の分野に偏らないよう注意します。

③個人で指導計画をつくってみましょう（次のページの演習課題を活用）。指導計画は、模擬保育の後に振り返りができるように、グループ人数分をコピーし配付しましょう。

④保育の流れが確認できたら、保育者役と子ども役、タイムキーパー、記録係などを決めておきます。

⑤実践を想定した環境構成について話し合います。

⑥保育者役の学生は、実践開始から5～10分以内で活動の導入が行えるように準備をします。導入で必要な絵本や楽器などはあらかじめ確認しましょう。

【演習課題：模擬保育の内容を考えよう】

想定する子どもの姿	どんな育ちを期待するか
選んだ題材： 題材を通じて経験して欲しいこと	
ねらい	内容

（2）役割やルールを決めて模擬保育を実践する

　模擬保育中は、ロールプレイング（詳しくは後述）の基本を意識して、各々が役になりきり、活動へ参加します。その際、保育者役は指導計画に縛られすぎず、活動の様子を見ながら、活動の流れを柔軟に変更し保育を進めます。

　予定していた模擬保育時間の極端な過不足がないように、保育者役は時間配分を考える必要があります。また、時間をオーバーした時は、そこで活動を止めるか、活動を延長するかを始まる前に決めておきましょう。

（3）シートを使った保育の振り返り

　模擬保育後は、表10－1、10－2のような振り返りシートを記入し、気付いた点を述べ合うディスカッションをしましょう。ディスカッションのやり方は様々ですが、一例を挙げます。

　模擬保育を行ったグループの中から、司会役を立て、保育者役も含めて一人ずつ発言してもらいます。発言は、よかった点と改善点（よりよくできる点）をそれぞれ含めるようにします。一人ずつ発言した後は、特に意見が集中した点や、さらに話したいことについて自由に討論を行います。

　討論後、教員から必ず助言をもらいましょう。保育者役をした学生は、意見や教員の助言を踏まえて改善点を整理し、指導計画を再度作成します。そして、それを基にして2回目の模擬保育にチャレンジしてみましょう。

表10－1　模擬保育の振り返りシートの例（参加者全員のシート）

振り返り内容	◎	○	△	×
○「ねらい」は適切でしたか ・教育・保育要領のねらいとの整合性 ・5領域のねらいとの整合性				
○内容は、季節に見合ったものでしたか				
○対象とした子どもの発達段階の ・興味・関心に見合っていましたか ・社会性の発達に見合っていましたか ・言葉の発達に見合っていましたか ・身体の発達に見合っていましたか				

表10－2　保育者役の振り返りシートの例

	◎	○	△	×
子どもへの言葉がけ 法令の理解 発達段階に対する理解 援助方法に対する知識				

2. 学びのある模擬保育へ向けて　—ロールプレイングの意義—

（1）「真似」から「演じる」模擬保育へ

　模擬保育に向けてしっかりと練られた指導計画でも、活動の質を下げてしまうことがあります。保育者や子どもの姿をなんとなく「真似」するのでは、学びのある模擬保育とはなりません。なぜなら、模擬保育とは保育者役と子ども役になりきって行うという点で、「演じる」活動だからです。自分ではない誰かになりきって「演じる」ことは難しいことなのですが、単なる「真似」ではなく、役割を「演じる」ことが模擬保育の質を高めるためには大切になります。

（2）模擬保育におけるそれぞれの役割を「演じる」ために

　「演じる」ことを高めるためには、背景にある考え方を知ることが大切です。模擬保育は、一種の「ロールプレイング」だといえます。「ロールプレイング」とは、精神学者のモレノ（J. L. Moreno）が始めた心理劇で使われた用語であり、「自己の感じ方に基づく即興的心理劇での役割演技」を意味します。吉田真理子は、「ロールプレイング」の特徴について次のように述べています[1]。

①ほかの人の立場に立つことでその問題について、あるいは状況について俯瞰、客観視できます。

②参加者とのディスカッションでその問題にどう対処するのか、解決策はないのかを多角的に考えることができます。

③完成された形で観客に見せることが目的ではなく活動の過程で、参加者一人一人の内面が動き、また参加者自身がそれに気づき、新たなものの見方や考え方ができるようになることをめざすものです。

ロールプレイングの特徴を踏まえて、自分の役になりきって演じてみましょう。ある活動に対して、自分が幼児期の子どもだったらどう参加するだろうと想像することは、保育を多角的にみる視点を養うことに繋がります。同時に子どもや保育者の視点に立って活動を経験することは、その指導計画のもつよさや改善点を見出せるようになります。

第2節 保育の実際と情報機器等を活用した記録

実習で体験する実際の保育は、模擬保育と違う状況が生じる場合があります。日々の保育は、その日限りの不確定なものであり、一日一日と分断されることなく紡がれていきます。切れ目のない保育における振り返りには、日々の記録とそれを元にした評価・改善が欠かせません。

1. 保育の実際

（1）指導計画を修正することの大切さ

模擬保育と同じように実際の保育が進まない理由の一つに、予想される子どもの姿と実際の状況とのギャップが挙げられます。頭の中で考えてきた造形や音楽表現の活動は、実践当日の子どもの様子によって変えざるを得ないことがあります。指導計画に忠実にしようとすればするほど、現状とかけ離れてしまうため、計画に縛られすぎず子どもや環境との関わりから柔軟に活動を修正することが必要です。

（2）子どもの家庭環境や地域社会・文化への配慮

思い描いていた保育と実際の実習を比較すると、子どもの家庭環境や、地

域の特性等が想像と大きく異なっている場合があります。園庭のサイズといった物的環境だけでなく、子どもの様子や養育者が保育に求めるニーズも園によって多様です。また近年は、都市近郊だけでなく農村地帯でも、子どもの多国籍化が進んでいます。その子どもと家族が置かれた状況や、養育者の家庭・文化の違いを認めつつ、多様性に配慮した保育が求められます。

2. 保育記録の意義

　自らの保育を評価するための視点には、どのようなことが必要でしょうか。評価には、保育の記録と評価の観点や基準が必要です。ここで、保育を記録する意義は表10-3のように考えられます。

表10-3　保育を記録する意義

①幼児理解を深める ②幼児理解を基に次の保育を構想する ③保育者と幼児との関係を省察し、保育者自身の幼児の見方を振り返る ④他の保育者と情報を共有し、自分の保育を見直す ⑤幼児の学びの軌跡を残し、保護者との連携に生かす

出典：文部科学省『指導と評価に生かす記録』2013年　pp.9-15を基に筆者作成

（1）子どもと保育者の営みの記録「ドキュメンテーション」

　保育の記録には、従来の文章によるもの以外に、写真や音声、動画撮影などの方法があります。特に昨今は、デジタルカメラやタブレット型端末の録画機能を活用することで、容易に保育実践を記録することができます。日々の保育において気になる場面や子どもの様子などを記録し可視化することは、「保育のドキュメンテーション」と呼ばれています。ICTを活用した、「保育のドキュメンテーション」は、活動記録の内容や振り返りの質を大きく刷新させる可能性をもっています（個人情報を含むため、情報管理や活用の仕方については十分な検討や配慮が必要です）。

　また、写真を含む映像記録は、地域や保護者へ保育の様子を可視化し示すことができます。映像を用いた保育カンファレンス（省察）は、保育者の質向上や実践の評価に大いに役立つでしょう。

ただし、より大切なのは、そこで保育者自身が見て、感じた子どもの表現のありようです。なぜなら、保育の振り返りは、その実践における行為の意味を省みることを目的とするものであり、表現することで得られた感情や気づきが不可欠だからです。

（2）保育の記録

実習で必要となるのは、保育者が保育経験を文字として記述することです。実際に保育の場に介入する参与観察によって記録を行い、子どもの行為や経験の意味を考え、保育者の働きや環境設定、活動の改善などを行います。

保育現場で子どもが表現する行為について、ものや音が生まれる過程とそこにある意味を考えること、そして他者や環境との関わりを記録に基づいて考えることは、保育者に求められる能力の一つであり、模擬保育の段階から練習しておく必要があります。

表10－4　記録用紙の一例

記録用紙		実施日　　年　月　日		保育者名
活動名		子どもの実態・育ちの願い		
ねらい・内容：			対象年齢	→評価
環境構成	時間	子どもの活動	保育者の関わり	
	評価			
	改善			

第3節　保育の評価・改善 ‥‥‥‥‥‥‥‥‥‥

1. 評価を通じて保育者は育つ

日本の幼児教育を先導した倉橋惣三の著書『育ての心』には、次のような一節があります[2]。

子どもが帰った後、その日の保育が済んで、まずほっとするのはひと時。大切なのはそれからである。（中略）子どもが帰った後で、朝からのいろいろのことが思いかえされる。われながら、はっと顔の赤くなることもある。しまったと急に冷汗の流れ出ることもある。ああ済まないことをしたと、その子の顔が見えてくることもある。―― 一体保育は…。一体私は…。とまで思い込まれることも度々である。

　　大切なのは此の時である。此の反省を重ねている人だけが、真の保育者になれる。

　日本の保育の礎をつくった倉橋でさえ、日々の保育の振り返りを大切にしていました。倉橋は、保育者は幼児とともに成長していくことができると述べています。その成長は、まさに日々の評価と改善から得られるものです。保育は、成果が数値で現れる仕事ではありません。一日の保育が終わった後の評価を地道に積み重ねることで、保育者としての力は磨かれていきます。

2. 表現活動における評価・改善

（1）表現を文脈から評価する

　表現活動では、表現された作品や上演の様子だけでなく、その製作過程での学びと育ちを評価することが大切です。例えば、ある子どもがカホンという楽器を、本来の鳴らし方と異なるやり方で鳴らしていたとします。その行為は、音楽の技能という視点で評価すれば、おのずと改善への指導が必要となります。しかし、子どもの表現の芽生えという視点で評価すれば、楽器というものを通して音を出そうとしたのだと肯定的に評価できるでしょう。子どもの表現を一面的に見るのではなく、その子どもを取り巻く環境や、これまでやこれからの成長などの文脈から評価することで初めて、子どもの表現の営みを大切にした保育の構想も立てられるようになります。

（2）表現領域のねらいを踏まえた評価

　保育現場では、演奏会やお遊戯会での発表へ向けて、演奏や演技、造形の技能の向上を目標とする表現活動が今なお多く見られます。例えば、子どもの音楽的発達の実態にそぐわない極めて高度な合唱や合奏、長時間にわたる演劇の上演などです。しかし、こうした活動の方向性は、領域「表現」が本来大切にする子どもの表現の芽生えや育ちとは異なる位相の活動です。高度な演奏・演技技術による子どもの表現が、園の個性や「保育力」として地域に認識され、伝統化することは、今日の保育が目指す方向性とは相入れない

ものです。これからの保育では、こうした慣習に捉われることなく、子ども
が環境や他者と関わる中で感じ、表現しようとしたことを評価する視点が求
められています。

（3）評価・改善がもたらすもの

①育みたい資質・能力との関連

　子どもの表現行為に対する評価は、育みたい資質・能力の視点から行われ
ることで、より保育の質を高めることができます。子どもが何を感じたり、
何に気付いたり、何が分かったり、何ができるようになるのか（知識及び技
能の基礎）、どう考えたり、試したり、工夫したり、表現したりするか（思
考力、判断力、表現力等の基礎）、心情、意欲、態度が育つ中で、いかによ
りよい生活を営むか（学びに向かう力、人間性等）、これら資質・能力の３
つの柱の視点から、子どもの様子と保育者の関わりや保育環境等を評価する
ことで、それぞれの資質・能力を育むために必要な改善を見出すことが大切
です。

②保育者の専門的知識・保育の技術

　保育者がその日の保育を日誌の作成を通して振り返る自己評価では、幼児
理解に基づく評価をすることが大切です。保育者は、どうしても自身が子ど
もだったときの経験や、子どもに関する一面的な理解に基づいて、評価をし
がちです。しかしながら、実際の子どもは一人一人が多様であり、その育ち
も個別に異なっています。難しいことは必要ありません。肯定的に子どもを
見ること、子どもと触れ合うなかで、ありのままの姿を受け止めること、子
どもの気持ちに寄り添うことです。評価・改善を通して、保育者自身の主観
による評価の妥当性・信頼性が高められます。

　保育の改善は、保育者一人一人で行えるものから、園全体、あるいは第三
者により行うものまで幅があります。実習では、日々の保育後に行われる園
長や指導者の先生との振り返りを通して、他の保育者と評価を共有すること
が大切です。

　この評価の共有には様々なやり方があります。例えば、保育カンファレン
スは、職場のメンバーで、保育の質の向上を図るため、自らの保育を振り返
りながら次の改善を見出すことを目的とした研修です。参考例として、広島
大学附属幼稚園では、園外部の保育者を含めた保育カンファレンスを行って
います（松本他、2013）。

　他の保育者と改めて話し合うことで、一人では見つけられなかった子ども
の発達や課題が見えてくるでしょう。実習中にこうした保育カンファレンス

の機会に恵まれれば、これらの評価を通して、短期の指導計画（日案、週案、週日案）、長期の指導計画（月案、年間計画）の再編成につなげます。園という環境と同僚という関係性から、保育者としての成長が図られます。

（4）表現を評価するということ

子どもの表現を、保育者はどのように評価すればよいのでしょうか。

領域「表現」のねらいを確認すると、完成した作品や演奏といった「結果」だけでなく、子どもの表現の生成過程に目を向けることが大切だということがわかります。なぜなら、細やかで見過ごされそうな子どもの表現の中に、大切な学びや創造性の育ち、さらなる表現の可能性があるからです。

また、子どもによる創意工夫や試行錯誤の結果、表現されたものが大人の尺度では高い評価とはならない場合もあるでしょう。繰り返しますが大切なことは、子どもが表現することを通して、感じたり、考えたりする営みそのものです。その営みは個別具体的であり、状況に大きく依拠しています。子どもがもつ様々な背景や日々の成長を踏まえて、表現を捉えることが必要です。

したがって、保育における表現の評価は、まず保育者が、子ども一人一人に異なる表現の営みを踏まえることが大切です。子どもたちが創造性を働かせて表現したそのプロセスと、表されたものとの両者を踏まえて評価する必要があります。

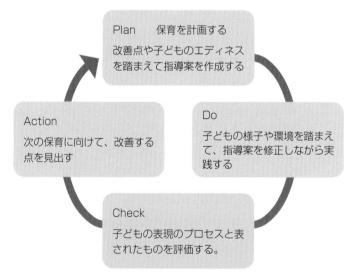

図10-1　保育におけるPDCAサイクル

①まとめの演習課題

　「表現」を中心とした指導計画を作成し、模擬保育を行ってみましょう。

　子ども役の学生が表現している場面を録画するとともに場面を文章で記録して、評価活動を行ってみましょう。

②発展的な演習課題

　模擬保育を踏まえ、自分はどういう保育者になりたいか、それに向けてどのような改善ができるかを自己評価しましょう。また、自身の保育の良いところや改善点について、グループのメンバーと評価を共有しましょう。これを踏まえ、実習へ向けての目標を考えましょう。

【引用文献】

1）吉田真理子「ロールプレイ」小林由利子・中島裕昭他『ドラマ教育入門―創造的なグループ活動を通して「生きる力」を育む教育方法―』図書文化社　2010年　p.53

2）倉橋惣三『育ての心（上）』フレーベル館　2008年　p.49

【参考文献】

文部科学省『指導と評価に生かす記録―平成25年7月―』チャイルド本社　2013年

浜口順子「表現の評価」無藤隆監　浜口順子編集代表『新訂　事例で学ぶ保育内容　領域表現』萌文書林　2018年

柏女霊峰監　槇英子・齊藤崇他編『保育者の資質・能力を育む保育所・施設・幼稚園実習指導』福村出版　2019年　pp.107-118

松本信吾・中坪史典・杉村伸一郎他「保育カンファレンスの外部公開は他園からの参加者に何をもたらすのか」『広島大学学部・附属学校共同研究機構研究紀要』第41号　2013年　pp.133-140

C.ロブマン・M.ルンドクゥイスト（ジャパン・オールスターズ訳）『インプロをすべての教室へ　学びを革新する即興ゲーム・ガイド』新曜社　2016年

監修者・編著者紹介

●監修者
秋田　喜代美 （あきた　きよみ）

東京大学大学院教育学研究科博士課程修了。博士（教育学）。東京大学大学院教育学研究科教授等を経て、現在、学習院大学文学部教授。東京大学名誉教授。
日本保育学会前会長（第7代）、日本保育学会理事（現在）。内閣府子ども・子育て会議会長。
・主な著書
『新　保育の心もち　まなざしを問う』（単著）ひかりのくに　2019年
『園庭を豊かな育ちの場に：質向上のためのヒントと事例』（共著）ひかりのくに　2019年
『新時代の保育双書　今に生きる保育者論［第4版］』（共編著）みらい　2019年
『新時代の保育双書　保育内容　環境［第3版］』（共編著）みらい　2018年

三宅　茂夫 （みやけ　しげお）

兵庫教育大学 連合学校教育学研究科 学校教育実践学専攻博士課程修了。博士（学校教育学）。広島市立小学校教諭、幼稚園教諭、幼稚園長等を経て、現在神戸女子大学教授。
日本乳幼児教育学会常任理事、日本保育学会評議員、兵庫県明石市教育スーパーバイザー。
・主な著書
『幼児期の道徳性を培うコミュニケーション環境の構築』（単著）みらい　2011年
『シリーズ知のゆりかご　教育・保育カリキュラム論』（編著）みらい　2019年
『新　基本保育シリーズ14　保育内容総論』（共著）中央法規出版　2019年
『MINERVAはじめて学ぶ保育2　教育原理』（編著）ミネルヴァ書房　2020年

●編著者
淺野　卓司 （あさの　たくじ）

愛知教育大学大学院教育学研究科芸術教育専攻（美術分野）修士課程修了。修士（教育学）。名古屋短期大学保育科講師を経て、現在、桜花学園大学保育学部保育学科教授、同保育学部長。
一般社団法人愛知県現任保育士研修運営協議会常務理事、全国大学造形美術教育教員養成協議会会長。
・主な著書
『よくわかる！　造形あそびの材料・用具：造形あそびのアイデアいろいろ!!』（単著）サクラクレパス　2020年
『DVDでわかる！　乳幼児の造形』（共著）　サクラクレパス　2016年
『「自分らしさ」をフルに発揮！　0～5歳児の楽しさはじける表現あそび』（共編著）明治図書　2012年
『ドキドキワクワクでみんなくぎづけ！　3・4・5歳児の造形活動おまかせガイド：実習にも便利な季節別・難易度別アイデア100』（編著）明治図書　2011年

シリーズ 知のゆりかご
子どもの姿からはじめる領域・表現

2021 年 4 月 20 日　初版第 1 刷発行
2023 年 4 月 10 日　初版第 2 刷発行

監　　修	秋田　喜代美
	三宅　茂夫
編　　集	淺野　卓司
発 行 者	竹鼻　均之
発 行 所	株式会社みらい
	〒500-8137　岐阜市東興町40　第5澤田ビル
	TEL　058 - 247 - 1227 ㈹
	FAX　058 - 247 - 1218
	https://www.mirai-inc.jp/
印刷・製本	サンメッセ株式会社

日本音楽著作権協会（出）許諾第2102026-101号
ISBN978-4-86015-538-4 C3337
Printed in Japan